Filippo Serafini

Der Telegraf in seiner Beziehung zum bürgerlichen und Handelsrechte

Filippo Serafini

Der Telegraf in seiner Beziehung zum bürgerlichen und Handelsrechte

ISBN/EAN: 9783743447189

Hergestellt in Europa, USA, Kanada, Australien, Japan

Cover: Foto ©Suzi / pixelio.de

Weitere Bücher finden Sie auf **www.hansebooks.com**

DER

TELEGRAF

IN SEINER BEZIEHUNG

ZUM BÜRGERLICHEN UND HANDELSRECHTE

VON

PHILIPP SERAFINI,

ORDENTL. PROFESSOR DES RÖMISCHEN RECHTES AN DER K. UNIVERSITÄT
IN PAVIA.

UEBERSETZT AUS DEM ITALIENISCHEN

VON

LEONE RONCALI,

NOTARIATS-CANDIDAT IN WIEN.

WIEN, 1865.
VERLAG VON FRIEDRICH MANZ.

Vorrede des Verfassers.

Indem ich diesen Versuch „über den Telegrafen in seiner Beziehung zur Jurispudenz" veröffentliche, beabsichtigte ich nichts Anderes als die Aufmerksamkeit der Gelehrten und der Gesetzgeber auf jene wichtigen Fragen rechtlicher Natur zu lenken, welche durch die Benützung des Telegrafen zu Mittheilungen unter Privat-Personen, und besonders unter Handelsleuten, angeregt werden könnten.

Da es sich um eine Materie handelt, die eben so wichtig als schwierig zu behandeln ist, und die ich noch als eine neue bezeichnen möchte: so muss ich die Nachsicht der Leser für mich in Anspruch nehmen und erkläre schon hier, dass ich denjenigen sehr dankbar sein werde, welche mich auf irgend einen meiner Arbeit unterlaufenen Irrthum aufmerksam machen sollten.

Obwohl es bei der Neuheit der Erfindung noch keine vollständige Abhandlung über Telegrafenrecht gibt und für einige Zeit vielleicht auch nicht geben wird, und im Allgemeinen solche Bücher selten sind, welche man in dieser Hinsicht benützen könnte, so haben doch jene italienischen oder fremden Schriftsteller, die sich direct oder indirect mit diesem Gegenstande beschäftigt haben, diesen so behandelt, dass sie Jedermann benützen kann, weil selbst jene, welche diese Materie auch nur im Vorübergehen berührten, dieselbe mit grossem Aufwande von Wissen und Gelehrsamkeit beleuchtet haben. Darum halte ich es für meine Pflicht, sogleich zu bekennen, dass ich ihnen sehr viel verdanke; und muss es um so mehr offen erklären, da es, gelinde gesagt, unvernünftig gewesen wäre, sich selbst solcher Hilfsmittel zu berauben.

Uebrigens, wenn diese Abhandlung auch nicht wegen besonderer Gedankentiefe einen grossen Werth hat, so wird man ihr nicht den Vorwurf der Undankbarkeit oder Vergesslichkeit gegen jene, welche mehr oder weniger den Gegenstand behandelt haben, machen können. Ich rechne es mir deshalb zur Ehre, hier den Namen Bosellini's zu nennen, welcher das grosse Verdienst hat, vor allen Andern nicht nur, wie er sich bescheiden ausdrückt, zuerst: „auf den Kiesel geschlagen zu haben, um den Funken daraus zu locken," sondern aus demselben ein glänzendes Licht gezogen und die Jurisprudenz mit einem Werke bereichert zu haben, welches ihm die Bewunderung von Seiten ausgezeichneter in- und ausländischer Schriftsteller erwarb; und diese specielle Erinnerung möge nicht nur eine Huldigung dem Talente, sondern auch ein Zeichen meiner Dankbarkeit für denjenigen sein, der mein Manuscript las und mir mit Rath und That behilflich war.

Auch den Namen Panattoni's, welcher gleichzeitig mit Bosellini Betrachtungen von grösster Wichtigkeit über die Benützung der neuen Erfindung machte, will ich nicht mit Schweigen übergehen, ohne für den Augenblick Mittermayer's, Reyscher's und anderer hochbegabter Männer zu gedenken, deren Werke im zweiten Kapitel dieses Werkes aufgeführt sind.

Wenn ich zufälliger Weise nicht alle einschlägigen Werke benützt hätte, welche in oder ausser Italien erschienen sind, so ist dies nicht meine Schuld, da ich meinerseits nichts versäumte, um mir Alles zu verschaffen, was über den Gegenstand veröffentlicht worden ist. Meines Wissens aber und nach dem Ergebnisse meiner Nachforschungen wurde nichts Anderes darüber geschrieben. Trotzdem werde ich Jenen sehr dankbar sein, die mir nützliche bibliografische Angaben in dieser Richtung liefern werden, da ich stets bereit bin, dieselben bei anderer Gelegenheit zu benützen, falls es mir nach reiflicheren Studien gegönnt sein sollte, auf denselben Gegenstand zurückzukommen.

In der Ueberzeugung, dass meine wenigen Kenntnisse der Wichtigkeit des Gegenstandes wenig entsprechen, dient es mir zum Troste, dass, wenn die politischen Verhältnisse — welche jetzt viele Talente von solchen Studien abhalten — sich ändern werden, Derjenige auftreten wird, der das vollbringt, was ich vielleicht vergeblich versucht habe.

PAVIA, *im Juli 1862.*

PHILIPP SERAFINI.

Inhalt.

I.
Rechts-Quellen.
Seite

§. 1. Kritik der Ansicht derjenigen, welche Sitten und Ideen eines Volkes als künstliche Einrichtungen ansehen und den Ursprung des positiven Rechtes in dem Willen und in der Vernunft des Gesetzgebers suchen 1

§. 2. Von dem organischen Verbande, in welchem sich die socialen staatlichen und Privat-Verhältnisse befinden 2

§. 3. Gesetze und Bestimmungen, welche den Telegrafen betreffen . . . 3

Reglement für die telegrafische Korrespondenz der Privatpersonen im Innern des Staates . . . . —

Dienstreglement für Staatstelegrafen. Staatsvertrag über telegrafische Korrespondenzen . . . . —

II.
Bibliografie.

§. 4. Mangel an Werken über Telegrafenrecht. Alfabetisches Verzeichniss der Werke über Telegrafenrecht und verwandte Gegenstände . 4

III.
Rechtliche Natur des Telegrafen. Bestimmungen über die Aufgabe, Beförderung und Zustellung der Depeschen.

§. 5. Oeffentliche und nicht öffentliche Telegrafen 6

§. 6. Staats- und Privat-Telegrafen . . . . —

§. 7. Manipulation im Telegrafen-Amte . . . . —

§. 8. Die für Telegrafen- und Postanstalten gemeinschaftlichen Bestimmungen 7

§. 9. Gebrauch des Telegrafen und Normen über die Aufgabe und Beförderung der Depeschen . . . . —

IV.
Telegrafische Korrespondenzen und rechtlicher Nutzen des Telegrafen.

§. 10. Verantwortlichkeit des Absenders einer Depesche 9

§. 11. Auslegung der telegrafischen Depeschen . . . . —

§. 12. Möglichkeit des Abschlusses von Verträgen durch den Telegrafen . —

		Seite
§. 13.	Einfluss der liberalen Grundsätze des modernen Rechtes auf den Abschluss der Verträge durch den Telegrafen	10
§. 14.	Nutzen des Telegrafen in civil- und handelsrechtlicher Beziehung	—
§. 15.	Einfluss der neuesten Erfindungen auf den Abschluss von Verträgen durch den Telegrafen	13
§. 16.	Uebersicht der wichtigeren Fälle, in welchen der Telegraf in kirchlichen Angelegenheiten benützt werden kann	—

V.
Zeit und Ort des Zustandekommens eines durch den Telegrafen abgeschlossenen Vertrages.

§. 17.	Wichtigkeit der Frage	14
§. 18.	Anwendung der für briefliche Korrespondenzen geltenden Grundsätze auf die telegrafischen Korrespondenzen	15
§. 19.	Ansichten der Schriftsteller über diesen Gegenstand	—
§. 20.	Widerlegung der Ansicht jener, welche den Vertrag nur dann als abgeschlossen wissen wollen, wenn der antragstellende Theil die Nachricht von der Annahme erhalten hat	18
§. 21.	Erörterung einiger Fragen über denselben Gegenstand	21
§. 22.	Betrachtung der Fälle, in welchen der Antrag seine rechtliche Existenz dem Oblaten gegenüber verliert	22
§. 23.	Rückblick	27
§. 24.	Widerruf der Annahme	—

VI.
Juristisches Wesen des Telegrammes und dessen Beweiskraft.

§. 25.	Betrachtung der verschiedenen Ansichten über die juridische Natur des Telegrammes	29
§. 26.	Widerlegung derselben und Angabe der wahren rechtlichen Natur des Telegrammes	30
§. 27.	Gründe derjenigen, welche dem Telegramme die Eigenschaften einer Original-Urkunde zuschreiben	—
§. 28.	Widerlegung dieser Ansicht	31
§. 29.	Von der Beweiskraft des Telegrammes	32
§. 30	Kritik der Ansicht Jener, die das Telegramm als eine öffentliche Urkunde ansehen	—
§. 31.	Kritik der Ansicht des königlichen Prokurators Ambrosoli	35
§. 32.	Wenn die Depesche in einem ihrer Hauptpunkte unrichtig mitgetheilt wird, so kommt wegen Mangel der Einwilligung kein Vertrag zu Stande	36

VII.
Natur des zwischen dem Absender und der Telegrafen-Verwaltung abgeschlossenen Vertrages.

§. 33	Wichtigkeit der Frage und Angabe des Weges zur befriedigenden Lösung derselben	37

§. 34. Prüfung der Ansichten von Bosellini, Busch, Panattoni und Mittermayer . . . . —
§. 35. Gründe zur Verwerfung der Ansicht: der zwischen dem Aufgeber und der Telegrafen-Verwaltung abgeschlossene Vertrag sei ein Mandat 38
§. 36. Widerlegung der Ansicht der älteren Schule, nach welcher die freien Künste kein Gegenstand des Lohnvertrages sein sollten 39
§. 37. Beweise, dass der obbezeichnete Vertrag ein Lohnvertrag ist . . . 42

VIII.
Unrichtige Wiedergabe des Telegrammes und daraus entspringende Folgen.

§. 38. Zwei praktische Fälle von höchster Bedeutung 44
§. 39. Eintheilung der zu behandelnden Materie 45
§. 40. Erfordernisse der durch Telegrafen abgeschlossenen Verträge . . . 46
§. 41. Unrichtige Folgerungen, welche aus der Ansicht entspringen: das Telegramm sei eine vom Aufgeber geschriebene und unterschriebene Original-Urkunde . . . . —
§. 42. Anwendung der von uns aufgestellten Grundsätze über die rechtliche Natur des Telegrammes auf den zur Seite 44 angeführten Fall . . 47
§. 43. Widerlegung der Ansicht Bekker's 48
§. 44. Wirkungen der unrichtigen Wiedergabe einer Depesche bezüglich eines Punktes von minderer Wichtigkeit 49
§. 45. Der Adressat kann, wenn er durch Zustellung einer unrichtig mitgetheilten telegrafischen Depesche Schaden erlitten hat, in der Regel gegen den Aufgeber nicht klagend auftreten . . . . —
§. 46. Widerlegung der Gründe, welche unserer Ansicht entgegenstehen. Erster Grund . . . . —
§. 47. Zweiter Grund 50
§. 48. Dritter Grund 52
§. 49. Vierter Grund 53
§. 50. Fünfter Grund. Theorie Ihering's . . . . —
§. 51. Sechster Grund 55
§. 52. Rückblick auf die Materie 57
§. 53. Ausnahmsfälle, in welchen der Aufgeber dem Adressaten Schadenersatz leisten muss . . . . —
§. 54. Ueber die Haftungspflicht der Telegrafen-Verwaltung im Allgemeinen 59
§. 55. Betrachtung der Frage, ob man die Telegrafen-Verwaltung mit der *actio de recepto* belangen könne 60
§. 56. Die Telegrafen-Verwaltung ist auch für eine Verspätung in der Beförderung des Telegrammes verantwortlich 62
§. 57. Im Falle der Verspätung oder unrichtigen Wiedergabe der Depesche, wird ein Verschulden von Seite der Telegrafen-Verwaltung insolange vermuthet, bis dieselbe den Beweis geliefert, dass die Verspätung oder die Aenderung und der daraus entstehende Schaden durch den Absender selbst oder *vi majore* herbeigeführt wurden 63

	Seite
§. 58. Die Verantwortlichkeit einer Telegrafen-Verwaltung erstreckt sich auch auf denjenigen Schaden, welcher ausserhalb ihrer eigenen Telegrafenlinien auf einer anderen Linie entstand	64
§. 59. Klagsrechte, welche den Korrespondenten wider die Telegrafen-Verwaltung zustehen	—
§. 60. Besondere Bestimmungen der Reglements	66
§. 61. Verantwortlichkeit der Telegrafen-Beamten	—
§. 62. Verantwortlichkeit der Telegrafen-Verwaltung für den Fall des bösen Vorsatzes oder der groben Fahrlässigkeit	67
§. 63. Rechtliche Geltung der Reglements	69
§. 64. Ungiltigkeit der Verabredung, keine Haftung für den Schaden zu übernehmen	70
§. 65. Nothwendigkeit besonderer Gesetze zur Sicherung der telegrafischen Mittheilungen	71
§. 66. Vorschläge zum Vortheile der Privatpersonen und des Staates . . .	72
§. 67. Rathschläge für diejenigen Personen, die durch den Telegrafen korrespondiren	—
Anhang I	77
„ II	79

I.

Rechts-Quellen.

§. 1. Wer, von der Voraussetzung ausgehend, dass Sitten und Begriffe eines Volkes künstliche Einrichtungen seien, annimmt, dass Gesetze ihren Grund in der Weisheit des Gesetzgebers haben, und dass die verschiedentliche Gestaltung derselben vom Zufalle oder von unberechenbaren Umständen abhänge; wer, den wahren Grund jedes positiven Rechtes verleugnend, den Ursprung desselben im Willen und Verstande der Regierenden in der Meinung sucht, dass das Recht, welches nach seiner Ansicht durch die Allmacht der Gesetzgeber gezeugt, ganz in den Gesetzbüchern enthalten sein soll, sowie Minerva aus dem Haupte Jupiters vollendet entstehen müsse: wie mag er es sonderbar finden, wenn man beim Vorhandensein einer Erfindung, welche geeignet ist, mächtig auf die menschliche Gesellschaft einzuwirken, nicht auch gleich ein Gesetz in Bezug auf dieselbe schafft! „Wie kann es geschehen, muss er ausrufen, dass bei der so grossen Thätigkeit der Europa durchkreuzenden Telegrafen noch kein Gesetz besteht, welches die Lösung der streitigen Fälle, die dadurch entstehen können, ermögliche? dass noch gar keine gesetzliche Bestimmung über die Art und Weise, Verträge durch den Telegrafen zu schliessen, über die Auslegung derselben, über deren Gültigkeit, über die rechtliche Glaubwürdigkeit der Depeschen, kurz: über alle jene Fragen, die durch die neue Erfindung angeregt werden können, getroffen sei?"

Wir aber halten für fest und erwiesen, dass das positive Recht nichts Anderes sei, als eine unmittelbare und instinktartige Aeusserung des allgemeinen Rechtsbewusstseins der Völker und des individuellen Geistes der Nationen. Sobald dieses so entstandene Recht zum Vorscheine gekommen und durch die Gewohnheit gekräftiget ist, geht es auf die Rechtsgelehrten über. Diese formuliren es zu Grundsätzen und zu gewissen allgemeinen Begriffen, die die Natur selbst nicht darbietet, die Synthesis aber zusammenfasst, und wenden dasselbe von Fall zu Fall an, stellen die wissenschaftliche Einheit her, bis endlich der Gesetzgeber kommt und es in schriftliche Formen einkleidet.

Wir halten fest, dass der Gesetzgeber nach Erwägung des Geistes, der Ansichten und der Bedürfnisse der Völker, die fortschreitende Entwicklung des nationalen Rechtes wohl fördert, aber dasselbe nicht schafft. Wir sind uns bewusst, dass Gesetzbücher nur dann einen Werth haben, wenn sie der letzte Ausdruck der volksthümlichen, von den Rechtsgelehrten herangebildeten Rechts-Anschauung, die Vollendung und Sicherstellung des nationalen Rechtes sind. Wir sind aber folglich auch weit entfernt, uns darüber zu wundern, dass das Telegrafenrecht noch durch kein Gesetz fixirt sei, sondern wir sehen im Gegentheile darin nur eine neuerliche Bestätigung der von uns vertretenen Grundsätze.

§. 2. Wenn wir uns aber nicht wundern, dass das Telegrafenrecht noch nicht durch ein Gesetz fixirt sei, so sollen doch dadurch diejenigen nicht ganz entschuldigt sein, welche die neuesten Gesetz-Entwürfe verfasst haben. Indem sie das Nationalitäten-Princip nur in politischer Richtung verfolgten, haben sie in Folge eines verhängnissvollen Irrthums dasselbe in Hinsicht auf das Privatrecht vergessen und, während sie erkannten, dass unter den vorhandenen Elementen, den staatlichen, sowie den bürgerlichen, ein organischer Zusammenhang, ein Band, besteht, welches man weder zerreissen, noch trennen kann, erstrebten sie eine mehr scheinbare als wirkliche legislative Einheit; indem sie ohne Kritik und servil die französischen Gesetze copirten, nahmen sie in ihren Gesetz-Entwürfen nicht einmal jene obersten Grundsätze auf, welche durch das allgemeine Rechtsbewusstsein der Nation fast instinktmässig angezeigt werden, welche die einstimmige Erkenntniss von Seiten der Gelehrten bereits vollkommen geklärt, als unbestritten hingestellt und zu unumstösslichen Regeln der praktischen Rechts-Wissenschaft gemacht hat.

§. 3. Obwohl, wie wir bereits bemerkt haben, keine Quellen des Privat-Telegrafen-Rechtes vorhanden sind, so halte ich es dennoch nicht für unzweckmässig, einige des Staats- und Verwaltungs-Rechtes kurz anzuführen, weil dieselben einen wenigstens indirecten Einfluss auf die Lösung civil- und handelsrechtlicher Fragen ausüben können.

Uebergehen wir für den Augenblick jene Gesetze und jene Reglements, welche die Errichtung von Telegrafen-Linien und Telegrafen-Stationen, das Verwaltungs-Personale, die Einschränkung der Richtungen der Korrespondenz, die wider Beschädiger der Telegrafendrähte und Apparate angedrohten Strafen, die Reise-Diäten der Beamten und dergleichen betreffen, da dieselben nichts mit dem von uns behandelten Gegenstande zu schaffen haben, und überblicken wir nur jene Verordnungen, welche für Fragen privatrechtlicher Natur wichtig sein können.

I. **Reglement für die telegrafische Korrespondenz der Privat-Personen im Innern des Staates.**

Dieses Reglement, welches in den alten Provinzen mit Decret vom 17. April 1859 veröffentlicht, und in der Folge auf alle Provinzen des Königreiches Italien ausgedehnt worden ist, zerfällt in 39 Artikel und behandelt folgende Materien:

a) Allgemeine Bestimmungen. Eintheilung der Stationen nach den Amtsstunden, Eintheilung der Depeschen im Allgemeinen, dann der Depeschen innerhalb der Staatsgrenzen.

b) Bestimmungen für die Annahme von Depeschen. Staats-, Dienst- und Privat-Depeschen, Gebühren, Beförderung, Wiedererstattung von Gebühren, Zustellung. — Wir werden dieses mit dem blossen Worte: „Reglement" bezeichnen.

II. **Das Reglement für den Betrieb der Staats-Telegrafen**, kundgemacht am 7. Februar 1861 und auf die neapolitanischen und sicilianischen Provinzen durch königliches Decret vom 11. April 1861 ausgedehnt, behandelt in 232 Artikeln folgende Gegenstände:

Kapitel 1. **Höheres Personale.** Oberste Leitung, Funktionen der Bezirks-Direktoren.

Kapitel 2. **Betriebs- und technisches Personale**: Aufnahme und Avancements, Wirkungskreis der Controleure, Wirkungskreis der Amts-Chefs; Wirkungskreis der Telegrafen-Officiale, der Telegrafisten und Volontaire; Wirkungskreis der Boten; Wirkungskreis der Sections-Chefs, der Aufseher, Patrouillen-Führer und Leitungswächter; Strafbestimmungen.

Kapitel 3. **Aktive Rechnungsbranche.** Allgemeine Bestimmungen, organische Bestimmungen, Rechnungsführung bei den Telegrafen-Aemtern während des Dienstes und nach demselben, Verrechnungen bei den Bezirks-Directionen, Verrechnungen bei der General-Direction.

Die letzten zwei Kapitel 4 und 5, welche die Bestimmungen bezüglich der passiven Rechnungsbranche und der Rechnungsbranche in Bezug auf die Betriebs-Materialien betreffen, haben für uns keine weitere Bedeutung.

Um dieses Reglement nicht mit dem Vorgehenden zu verwechseln, werden wir es: „Dienst-Reglement" nennen.

III. **Staatsvertrag über die telegrafischen Correspondenzen, abgeschlossen zwischen Sardinien, Belgien, Frankreich, den Niederlanden und der Schweiz**; unterzeichnet in Bern am 1. September 1858 und kundgemacht durch königl. Decret vom 27. Februar 1859.

Dieses behandelt die Ausdehnung des Vertrages, die internationalen Korrespondenzen, die Eintheilung der Depeschen, die besonderen Bestimmungen in Betreff der Staats-, Dienst- und Privat-Depeschen; die Grundsätze, um einen gemeinschaftlichen Tarif herstellen zu können; die Bestimmungen über Anwendungen der Gebühren, den gegenseitigen Ersatz derselben u. s. f.

Wir erinnern hier, dass die rechtlichen Bestimmungen über die Telegrafen in den der Fremdherrschaft unterstehenden Provinzen Italiens und im Auslande fast gleichlautend mit den in unserem Königreiche geltenden sind. Die von der Nothwendigkeit gegebenen praktischen Anordnungen pflegen immer unter sich übereinstimmender zu sein als die Theorien, von denen einige in der Wissenschaft, andere aber in der Phantasie oder in einem Systeme begründet sind.

II.

Bibliografie.

§. 4. Wie ich schon in der Vorrede bemerkt habe, sind die Werke über Telegrafenrecht sehr selten, und was noch mehr zu bedauern ist, behandeln einige dasselbe nur beiläufig, andere nur indirecte und andere endlich gar nur verwandte Materien.

Da ich aber Willens bin, einerseits deutlich und gewissenhaft die Quellen anzugeben, aus welchen ich geschöpft habe, andererseits aber auch das überflüssige und lästige Anführen der oft weitläufigen Titel der Werke und die zu häufigen Citate zu vermeiden wünsche: So erachte ich es für zweckmässig, hier in alphabetischer Ordnung die von mir benützten Werke aufzuführen:

Ambrosoli. Teoria delle prove nel processo penale di C. G. Mittermayer. Milano 1858. Seite 463 Note *.

Bekker. Ueber die Haftpflicht des Mandanten für Aufträge, die dem Mandatar entstellt zugehen. (Jahrbuch des gemeinen deutschen Rechtes IV. Seite 169.)

Bosellini. Dei telegrafi in relazione alla giurisprudenza, in der Temi, Zeitschrift für Gesetzgebung (Florenz 1854) IV. Band, Seite 449—452. Bosellini, ich sage es zur Ehre Italiens, war der Erste, der über die Telegrafen in juristischer Beziehung sprach; und sein gelehrter Aufsatz hat selbst Mittermayer bei Behandlung desselben Gegenstandes nicht wenig gedient.

Busch. Noch ein Beitrag zum Telegrafenrechte. (Archiv für civilistische Praxis XLV. Seite 1—26.)

A. van der Does de Bije: Overeenkomsten gesloten door middel van brieven, boden, openbare ankondigingen of telegrammen, te Leyden 1860.

Fuchs. Einige Fragen aus dem Telegrafenrechte. (Archiv für die civilistische Praxis XLIII. Seite 94—102.)

Hasse. Ueber die Abschliessung eines Kontraktes durch Briefe. (Museum II., 15.)

Ihering. Culpa in contrahendo oder Schadenersatz bei nichtigen oder nicht zur Perfection gelangten Verträgen. (Jahrbücher für die Dogmatik des heutigen röm. und deutschen Privatrechtes. IV. Seite 1—112.)

Koch. Deutschlands Eisenbahnen. Marburg 1858—60 II. Seite 351. Note 3.

Kompe. Entwurf eines allgemeinen deutschen Handels-Gesetzbuches in seinen Verhältnissen zum deutschen Post- und Eisenbahntransportrecht. Regensburg 1859.

Von demselben. Vom Post-Transport-Vertrage. (Zeitschrift für deutsches Recht, XVIII. Seite 301—388.) Siehe auch Archiv für die civ. Praxis, Band 41.

Lauterbach. Dissertatio de nuncio, Tubingae 1660. (Dissert. academ. Vol. III.)

Lutz. Protokolle der Kommission zur Berathung eines allgem. deutschen Handelsgesetzbuches. Würzburg 1858—1862.

Mittermayer. Teoria delle prove nel processo penale, ital. Uibersetzung des Dr. Ambrosoli. (Milano 1858.) Aggiunte inedite, Seite 461—63 Num. 4.

Von demselben. Ueber die rechtliche Bedeutung telegrafischer Mittheilungen und die Anwendung der Grundsätze vom Urkunden-Beweise auf dieselben in Rechtsstreitigkeiten. (Archiv für die civ. Praxis XLII. Seite 278—288.)

N. A: Le convenzioni per telegrafo. Es sind nur wenige in dem in Neapel erscheinenden Giurista enthaltene Zeilen (V. Jahrgang, Seite 408), die den Process über einen durch den Telegrafen abgeschlossenen Vertrag, welcher durch das Tribunal in Lecce entschieden worden ist, betreffen.

Panottoni. Appendice sulla utilità giuridica del telegrafo elettrico, in seiner ausgezeichneten Zeitschrift: „La Temi." IV. Band, Seite 452—455. — Es ist dies ein werthvoller Anhang zu dem obbezeichneten Aufsatze von Bosellini, welcher gleichzeitig mit diesem veröffentlicht worden ist.

Reyscher. Das Telegrafenrecht, insbesondere die Haftung aus unrichtiger oder verspäteter Telegrafirung. (Zeitschrift für deutsches Recht und deutsche Rechtswissenschaft, XIX Seite 271). — Urtheil des Landgerichtes zu Köln vom 29. Juli 1856, die Haftpflicht bei telegrafischen Briefen betreffend, (daselbst Seite 256).

Rosshirt. Ueber Schadenersatz der Eisenbahn-Verwaltungen. (Archiv f. c. Praxis XLIV.)

Scheurl. Vertrags-Abschluss unter Abwesenden. (Jahrbücher für die Dogmatik des heutigen römischen und deutschen Privatrechtes, II. Seite 247—282.)

Serafini. Scritti germanici Dissertazione I. Della conclusione dei contratti fra assenti. Neapel 1862.

Sintenis. Das praktische gemeine Civilrecht. (Leipzig 1861) II. §. 96. Note 13.

Stubenrauch. Der elektrische Telegraf in privatrechtlicher Beziehung. (Allgemeine österreichische Gerichts-Zeitung XII. Nummer, 18 und 19.)

Wening. Ueber den Zeitpunkt der Gültigkeit eines unter Abwesenden geschlossenen Vertrages. (Archiv für civ. Praxis. II. Seite 267—71) [1]).

---

[1]) Aus Rücksicht für den Raum unterlasse ich es, die bekannten Handbücher, Lehrbücher und Abhandlungen von Parodi, Precerutti, Delamarre et le Poitvin, Troplong, Toullier, Molitor, Maynz, Mühlenbruch, Arndts, Keller, Vangerov, Thöl, Puchta u. s. w. mit ihren ganzen Titeln zu citiren, um so mehr, als sie der Telegrafen nicht einmal erwähnen und ich von denselben nur zu dem Zwecke Gebrauch machte, um ihre Ansichten über einige civil- und handelsrechtliche Streitfragen im Allgemeinen kennen zu lernen.

III.

Rechtliche Natur des Telegrafen. Bestimmungen über die Aufgabe, Beförderungen und Zustellung der Depeschen.

§. 5. Ohne uns mit jenen Telegrafen zu beschäftigen, welche nur zum ausschliesslichen Gebrauche und zur Benützung von Seite ihres Eigenthümers bestimmt sind und z. B. nur zur Erleichterung der Kommunikationen im Innern einer Fabrik oder ausschliesslich blos zum Eisenbahnbetriebe dienen, werden wir hier allein von den öffentlichen Telegrafen sprechen, d. h. von jenen, von denen Jedermann gegen Entrichtung einer bestimmten Gebühr Gebrauch machen kann, da nur diese eine wirkliche juristische Betrachtung verdienen. Es wird uns aber nicht verwehrt sein, auch der anderen zu gedenken, wenn wir dabei solche Verhältnisse entdecken, die eine juristische Prüfung erfordern.

Es wird wohl nicht nöthig sein zu bemerken, dass, wenn sie zu denselben Korrespondenzen wie die öffentlichen Telegrafen benützt werden, auch auf sie alle die von uns entwickelten Theorien Anwendung finden müssen.

§. 6. Wie bekannt, gibt es zwei Gattungen der öffentlichen Telegrafen: Staatstelegrafen, wie alle unsere in Italien; und solche, die nur von Privat-Gesellschaften hergestellt und verwaltet werden, wie in England. In einigen Ländern, z. B. in Deutschland, bestehen beide Systeme nebeneinander.

Dies ändert jedoch nichts an deren Wesenheit, da auch die Privat-Telegrafen, wenn sie zum öffentlichen Gebrauche bestimmt sind, in so lange als in dieser Beziehung das Princip der Freiheit noch nicht zur Geltung gebracht ist, eine öffentliche Anstalt bleiben, von der Concession von Seite des Staates abhängen, der Aufsicht der Regierung und allen jenen allgemeinen Bestimmungen unterworfen sind, welche für die Staats-Telegrafen gelten. Und wirklich: beide Gattungen der Telegrafen erfordern längs ihrer ganzen Verkehrslinie einen regelmässigen Dienst durch besondere Beamte und Gehilfen; die einen wie die anderen sind verpflichtet, wenigstens an den Haupt-Stationen Depeschen anzunehmen und zuzustellen; für die Benützung der einen, sowie der anderen muss man im Vorhinein eine mit Bezug auf die räumliche Entfernung zwischen der Aufgabs- und Ankunfts-Station bestimmte Gebühr entrichten und bei beiden verpflichtet sich die Direction, die Depeschen zu befördern und die Zustellung an den Adressaten zu besorgen [1]).

§. 7. Nach den eben angezeigten Merkmalen kann man den Telegrafen mit der Briefpost vergleichen, mit dem Unterschiede jedoch,

---

[1]) Siehe Reyscher a. a. O.

dass während letztere die Original-Urkunde befördert, ersterer nur deren Inhalt durch die vom Morse'schen oder einem ähnlichen Apparate hervorgebrachten Zeichen wiedergibt. Diese Zeichen werden von dem Beamten der Ankunfts-Station entziffert, dann wörtlich auf ein eigens dazu bestimmtes, gedrucktes Blanquette abgeschrieben, von diesem auf ein anderes Blatt copirt und mit dem vidi des betreffenden Beamten versehen, welches Blatt sodann dem Adressaten zugestellt wird [1]. Die Original-Depesche (das Concept) verbleibt bei der Aufgabs-Station, deren Chef dieselbe Tags darauf an die Districts-Direction absenden muss, wo sie dann durch eine bestimmte Zeit aufbewahrt zu verbleiben hat [2].

§. 8. Telegraf und Postanstalt ähneln sich noch in anderen Beziehungen, die hier nicht weiter in Betracht gezogen zu werden brauchen. Nur das wollen wir noch bemerken, dass die Telegrafen ebenso wie die Postanstalten besonderen Gesetzen und einer besonderen Aufsicht von Seite der Regierung unterworfen sind [3], und da der Staat dieselben entweder selbst verwaltet oder den Betrieb an Privatpersonen [4] abtritt, die Reglements für die Korrespondenzen entwirft, den Tarif der für die Benützung zu entrichtenden Gebühren bestimmt oder bestätigt, so werden wir den Schluss ziehen müssen, dass man die Telegrafie nicht als eine Privatspeculation ansehen kann: was übrigens gewiss weder die Möglichkeit noch die allfällige Zweckmässigkeit ausschliesst, den Betrieb und die Verwaltung an Privatgesellschaften oder an einzelne Personen zu überlassen. Immerhin bleiben also die Telegrafen eine öffentliche Anstalt.

Wichtig ist dies besonders aus dem Grunde, weil es Jedermann freistehen muss, Depeschen abzusenden, insolange er sich weder gegen die Sittlichkeit noch gegen die öffentliche Sicherheit vergeht [5].

§. 9. Die Benützung des Telegrafen ist bei uns sehr erleichtert, da es erlaubt ist, für Depeschen im Inneren des Staates die italienische und französische Sprache, für die ins Ausland adressirten aber alle jene Sprachen zu gebrauchen, welche in denjenigen Staaten zugelassen sind, wohin das Telegramm adressirt ist oder deren Gebiet

---

[1] Dienstreglement Art. 79, 145 und 148.
[2] Daselbst Art. 161, §. 1 lit. a. — Der Artikel 36 des Staats-Vertrages bestimmt, dass: „les minutes des Dépêches presentées, les bandes de papier portant les signaux télégrafiques et les copiés des depéches seront conservées au moins pendant une année. Aprés ce delai on pourra les anéantir." (Wenn unsere Ahnen den elektrischen Telegrafen erfunden hätten, so wären jene Streifen in die öffentlichen Archive deponirt worden pour les conserver, nicht pour les anéantir!)
[3] Gesetz vom 23. Juni 1853. (Aemtl. Gesetz-Sammlung Nr. 1563), im Laufe der letzteren Jahre auf das ganze Königreich ausgedehnt.
[4] Daselbst Art. 1 lautend, wie folgt: „Die Errichtung und der Betrieb von Telegrafenlinien sind der Regierung vorbehalten, jedoch mit Aufrechthaltung der zwischen derselben und den Gesellschaften, welchen der Betrieb von Eisenbahnen zugestanden wurde, bestehenden Verträge."
[5] Reglement Art. 7 und 9, Staats-Vertrag Art. 6.

es durchläuft ¹); doch dürfen diese Privat-Depeschen niemals in Chiffern geschrieben sein, mit Ausnahme der Mittheilungen der Börsekurse oder der Waaren-Preise ²). Durch die vielen in der letzteren Zeit abgeschlossenen internationalen Verträge ist das Mittel gegeben, Depeschen auch in die entferntesten Länder zu befördern. Dennoch hat jede Regierung in gewissen Fällen, z. B. eines Krieges, das Recht den Betrieb der internationalen Telegrafen auf unbestimmte Zeit, sei es nun für alle Korrespondenzen, sei es für Korrespondenzen einer gewissen Gattung, oder nur auf einzelnen Linien zu unterbrechen ³). Wenn wir die Staats- und die Dienst-Depeschen, welche eines Vorranges geniessen, ausnehmen; so geschieht die Beförderung der Depeschen nach der Reihenfolge der Aufgabe oder der Ankunft in den Zwischen- oder End-Stationen ⁴). Die dringenden Depeschen jedoch, für welche die dreifache Gebühr zu entrichten ist, haben den Vorrang vor Privat-Depeschen ⁵). Im Allgemeinen übernehmen die Telegrafen-

---

¹) Reglement Art. 8 al. 1,; Staats-Vertrag Art. 12 al. 1. — Man gestatte uns eine Bemerkung. Entweder soll der Telegrafist die Sprache, in welcher er schreibt, kennen oder nicht. Ist er dazu verpflichtet, so muss er Polyglotte sein; ist er aber nicht dazu verpflichtet, warum beschränkt man den Gebrauch der Sprachen, sowohl für das Inland als für das Ausland? Es dürfte die Vorschrift genügen, dass der Telegrafist nicht verpflichtet sein soll, Depeschen zu befördern, welche nicht mit lateinischen Lettern geschrieben sind. Alinea 2 des 12. Artikels des Staats-Vertrages lässt der Auslegung Raum, dass man bei einigen Hauptstationen, ausser den bestimmten, noch andere Sprachen zulasse. Warum erstreckt man diesen Grundsatz nicht auch auf die Korrespondenzen im Inlande? — Wir wollen hier noch der Nichtzulassung der lateinischen Sprache gedenken. Warum sollen die römischen Behörden nicht von der Sprache der Kirche Gebrauch machen können? Es wird also erlaubt sein, nach Russland russisch, nach Ungarn ungarisch, niemals aber lateinisch zu telegrafiren. Woher denn ein solcher Eifer gegen eine Sprache, welche alle Gelehrten der Welt verstehen? Befürchtet man vielleicht für die öffentliche Sicherheit und die Sittlichkeit? Im Gegentheile, es ist leichter das Aufsichtsrecht der Regierung durch den Gebrauch einer der bewilligten Sprachen als durch den der lateinischen zu hintergehen.
²) Reglement Art. 8 al. 2; Staats-Vertrag Art. 12 al. 3. — Streng genommen ist für dieses mehr bureaukratische als juristisch begründete Verbot kein befriedigender Grund zu finden, besonders, da unsere Gesetze nicht genügend wirksame Vorkehrungen gegen die Verletzung des Amts-Geheimnisses von Seite der Telegrafen-Beamten treffen.
³) Staats-Vertrag Art. 4.
⁴) Reglement Art. 29; Staats-Vertrag Art. 9.
⁵) Reglement Art. 29 al. 2. — Zwischen zwei Stationen in unmittelbarer Verbindung werden die Depeschen desselben Ranges abwechselnd befördert (daselbst Art. 4.). Es wird allgemein gewünscht, dass die Privat-Depeschen mit den Staats-Depeschen nichts zu schaffen, und, wo es nöthig ist, auch abgesonderte Aemter haben sollen, damit die sehr oft dringenden Handels-Geschäfte und Familien-Angelegenheiten nicht ein Dutzend und mehr Stunden, insolange als oft ganz unnütze Amts-Depeschen expedirt sind, auf Erledigung warten müssen. Die unentgeltliche Beförderung der letzteren hat leider zur Folge, dass die langweiligsten Kleinigkeiten telegrafirt werden.

Es liegt mir der Ausweis vor, dass der Vorsteher einer Provinz im Jahre 1859 einem Kollegen eine Depesche von 4 Seiten Länge, in einem

ämter auch Depeschen für Orte, welche nicht an der Telegrafenlinie liegen, in welchem Falle die Zustellung durch einen Boten oder Estafette, oder einen recommandirten Brief nach Wahl und Verlangen des Absenders erfolgt [1]).

IV.
Telegrafische Korrespondenzen und rechtlicher Nutzen des Telegrafen.

§. 10. Die Verantwortlichkeit, welche derjenige übernimmt, der eine telegrafische Depesche absendet, ist dieselbe, wie jene des Verfassers eines Briefes oder desjenigen, der ein bestimmtes Signal gibt, besonders dann, wenn jemand dieses Mittel benützt, um andere durch falsche Nachrichten zu täuschen, oder im Allgemeinen, wenn er mit bösem Vorsatze oder im Verschulden handeln würde. Und wirklich ist diese böse Absicht oder dieses Verschulden nicht minder schwer bei demjenigen, der ein Telegramm absendet, als bei dem, welcher seinen Brief durch die Post oder durch einen Boten übermittelt, da zwischen der telegrafischen Depesche und einem durch die Post beförderten Briefe in dieser Beziehung kein anderer Unterschied besteht, als in der Schnelligkeit der Uebermittlung. Ueber diesen Punkt kann wohl kein Zweifel obwalten.

§. 11. Ein anderer, nicht minder ganz unwiderlegbarer Grundsatz ist der, dass man alle jene Regeln der grammatikalischen und logischen Interpretation auf Telegramme anwenden muss, die für Schriftstücke jeder Art gelten, da die telegrafischen Mittheilungen wie jede andere schriftliche Korrespondenz durch Buchstaben des Alfabetes geschehen [2]).

§. 12. Es wird auch niemand beikommen zu zweifeln, dass man wie durch abgesendete Briefe oder mündliche Mittheilung durch einen Boten, so auch durch den Telegrafen die Einwilligung oder die Uebereinstimmung des Willens in idem placitum, wodurch ein Vertrag zu Stande kommt, erzielen könne. Die bei der Aufgabs-Station niederge-

---

bureaukratisch-curialem Stil geschrieben — das heisst: weitschweifiger als die Weitschweifigkeit, telegrafirte und — wohlbeachtet! — ohne dringende Ursache.
[1]) Reglement Art. 23; Staats-Vertrag Art. 14.
[2]) Ant. 8 al. 1 Des Reglements verordnet, dass die telegrafischen Depeschen der Privat-Personen deutlich, mit Tinte, ohne Ausstreichungen und Abkürzungen verständlich geschrieben sein sollen. Sie müssen überdies die genaue Adresse des Empfängers, den Aufsatz und die Unterschrift von Seite des Aufgebers enthalten. (Daselbst al. 2). Dasselbe ist in dem Staats-Vertrage Art. 7 bestimmt. (Dies zeigt die Zweckmässigkeit der Aufbewahrung der Orginal-Depeschen, da wir im Capitel VI und VII sehen werden, dass das Telegramm selbst keinen Beweis wider den Aufgeber bildet.)

legte Urkunde kann, ebenso wie ein durch die Post gesendeter Brief falsch sein; gesetzt aber, die Urkunde sei echt, so kann es in Bezug auf die Kundgebung des Willens keinen Unterschied machen, ob die Schrift durch die Post befördert oder ob ihr Inhalt durch den Telegrafen wiedergegeben wird, wenn nur das Telegramm genau den Inhalt der hinterlegten Urkunde wiedergibt. Wir werden später auf diesen Punkt, welcher von offenbarem praktischen Nutzen ist, zurückkommen.

§. 13. Die Benützung des Telegrafen bei Abschluss von Verträgen unter Privat-Personen wird durch die freisinnigen Grundsätze des modernen Rechtes sehr gefördert, da dieses, nachdem es nicht wenige überflüssige Formalitäten (abgesehen von einigen feierlichen Formen, die nur bei einzelnen Rechts-Geschäften erfordert werden), beseitigte, nur auf den Willen der Vertrag schliessenden Theile sieht [1]).

Wenn aber auch die Gesetzbücher freisinnig sind, wenn man auch so viel als möglich von unnützen Formalitäten sich zu entbinden trachtet: so bleibt es doch immer unbestritten, dass auch die durch den Telegrafen abgeschlossenen Verträge die jedem Vertrage nöthigen Momente an sich tragen müssen. So ist und bleibt die Uebereinstimmung des Willens der Vertragschliessenden Theile stets ein Hauptbestandtheil eines jeden Vertrages, auf welche Art und Weise auch die Mittheilung der Willenserklärungen erfolgt sein sollte; und dies gilt auch in Bezug auf jedes andere wichtige Vertrags-Requisit.

§. 14. Nach diesen allgemeinen Bemerkungen über die telegrafischen Korrespondenzen ist es nöthig, dass ich schon jetzt einige der Fälle, in welchen der Telegraf zur Vollziehung besonders wichtiger civil- oder handelsrechtlicher Akte verwendet werden kann, berühre [2]).

1. Es kann z. B. der Telegraf von besonderem Nutzen sein, um einen bevorstehenden Schaden zu verhüten, oder um Verbote, Pfändungen und dergleichen zu erwirken. Titius, Schuldner eines sehr bedeutenden Betrages an Cajus, verlässt heimlich die Stadt, ohne irgend eine Sicherstellung zu hinterlassen. Cajus vernimmt, dass der Schuldner mittelst Eisenbahn einem Seehafen, Genua z. B., zueilt, um sich daselbst nach America einzuschiffen. Was thut er? Er wendet sich an den Ortsrichter, damit dieser der Behörde in Genua telegrafisch anzeige, dass dieselbe die Abreise des Flüchtlings verhindere oder wenigstens dessen Effecten arrestire. In der Regel wird der Richter bei dieser Sachlage dies nicht verweigern können, weil es, wie Panattoni sehr richtig sagt, ganz gerechtfertigt ist, dass mit Berücksichtigung der Dringlichkeit, das Gesetz oder der Richter augenblickliche Vorkehrungen, mittlerweilige Acte und Vorsichtsmassregeln bewillige und vornehmen lasse. Nach Mittermayer werden in America und in England solche,

---

[1]) Was ich hier vom modernen Civilrechte oder vom jetzigen römischen Rechte sage, kann man nicht von allen Gesetzbüchern (am wenigsten aber von dem Vorbilde derselben, dem Code Napoleon, und seinen Nachbildungen) behaupten, da diese viel weniger freisinnig sind als selbst das alte römische Recht.

[2]) Ich unterlasse es absichtlich, hier von der Benützung des Telegrafen in Strafsachen zu sprechen.

durch den Telegrafen gegebene Aufträge zur Vornahme von Personal-Arresten und Sequestrationen, ohne Weiteres erfüllt. Wenn auch Bosellini, welcher zuerst diese Frage berührt hat, bemerkt, dass man bei dem gewöhnlichen Gange der Ereignisse kein Mittel zulassen soll, welches sich von den allgemeinen und feierlichen Formen entfernt, so lässt er aber dasselbe für jene Amtshandlungen und provisorischen Verfügungen zu, welche wegen ihrer Dringlichkeit auch an Ferialtagen vorgenommen werden können, da, wie er bemerkt, das Gesetz durch solche Ausnahmen zur Genüge darauf hinweiset, dass es den schleunigen Vollzug als im Interesse der öffentlichen Ordnung begründet ansieht.

2. Nicht minder wichtig ist der Telegraf dann, wenn es sich um die Anmeldung einer Appellation wider ein Urtheil handelt und der Appellant an einem fernen Orte weilet. Wie bekannt, räumen die Gesetze aller Länder nur sehr kurze Fristen zu diesen Anmeldungen ein; einige verlangen sogar, dass die Appellation von einem mit förmlicher und ausdrücklicher Vollmacht versehenen Rechtsfreunde eingebracht werde.

In dem bezeichneten Falle, wo die Parthei abwesend ist und die nöthige materielle Zeit zur Uebermittlung und Ausstellung der Vollmacht fehlt, gibt es kein anderes Mittel, als vom Telegrafen Gebrauch zu machen. Und selbst in dem Falle, wenn das Gesetz die Vollmacht in der Form eines Notariats-Actes ausgefertigt verlangt, kann man der Anforderung, wie Bosellini glänzend nachgewiesen hat, nachkommen, und zwar wie folgt:

Der Notar verfasst die folgende Vollmacht: **Titius, hier gegenwärtig und mir bekannt, bevollmächtigt den Advocaten H. zur Einbringung der Appellation wider das Urtheil des Gerichtes in . . . . in der Rechtssache wider Sempronius. Geschehen in . . . . vor den Zeugen Cajus und Maevius. Es unterzeichnen: Titius als Mandant, Cajus und Maevius als Zeugen, N. Notar.**

Eine Abschrift dieses Actes wird vom Notare dem Telegrafenbeamten übergeben, welcher telegrafisch berichten wird: **Notar N. übergibt bei diesem Amte einen Act nachstehenden Inhalts,** und telegrafirt diesen Wort für Wort.

Wo das Gesetz bei dem gerichtlichen Vertreter, welcher im Namen seines Vollmachtgebers einschreitet, das Mandat dazu schon voraussetzt, dort ist all dieser Formenzwang überflüssig[1]); doch dem Vertreter kann der Telegraf immer noch ebenso zu Statten kommen, um die Absichten seines Klienten kennen zu lernen.

3. Von besonderem Nutzen ist der Telegraf um Vollmachten oder Anträge, die durch einen Brief gestellt wurden, zu widerrufen. Titius in Genua schreibt dem Cajus in Neapel, dass er für seine Rechnung Waaren zu einem gegebenen Preise kaufen solle. Ausserordentliche Umstände bewirken, dass Titius den gegebenen Auftrag bereut.

---

[1]) Panattoni a. a. O.

Was ist zu thun? Um den Beauftragten noch rechtzeitig davon zu verständigen, erübrigt nichts anderes, als den Telegrafen zu benützen, der vielleicht dem ertheilten Auftrage noch zuvorkommen kann. — Ein anderer Fall. Titius bietet dem Cajus Waaren um einen bestimmten Preis zum Kaufe an. Aber plötzlich steigt der Werth derselben im ungewöhnlichen Masse. Sogleich wird der Telegraf dazu verwendet, um, wo möglich, den Antrag noch zur rechten Zeit zu widerrufen [1]).

4. Handelsleute benützen bekanntlich den Telegrafen, um den Kurs der Effecten und Werth-Papiere, dann den Durchschnittspreis von Waaren anzuzeigen; und um solche Aufträge, welche sich auf Börse- oder andere dringende Geschäfte beziehen, zu ertheilen oder entgegen zu nehmen.

5. Auch Wechsel können durch den Telegrafen angenommen werden, doch wird es, um jeden Zweifel über die Identität des Wechsels zu beheben, gut sein, wenn derjenige, der sich an den Bezogenen um die Annahme wendet, die Merkmale desselben genau angibt und dazu noch verlangt, dass der Bezogene dasselbe auch seinerseits thue. Wenn aber das Gesetz, welches bei Beurtheilung des Falles zur Anwendung kommen müsste, erfordert, dass die Annahme bei sonstiger Ungültigkeit auf dem Wechsel selbst erfolge; so würde die durch den Telegrafen geschehene ebenso wenig nützen, als jene durch einen Brief oder irgend eine andere abgesonderte Urkunde [2]).

6. Der Telegraf kann ferner mit Erfolg dazu benützt werden, um die entfernten Indossanten eines Wechsels von dessen Abhandenkommen zu verständigen und dessen Zahlung zu verhindern.

Zwar entzieht eine solche Benachrichtigung dem Bezogenen nicht das Recht, die Zahlung an eine bekannte Person, an welche der Wechsel durch ein regelmässiges Indossement gediehen ist, zu leisten; sie kann aber ein sehr nützliches Mittel sein, um den Bezogenen zur Ergreifung aller Vorsichts-Massregeln und Vorkehrungen zu bestimmen, welche geeignet sind, ihn zu versichern, dass kein Betrug oder keine Täuschung obwalte. Wenn er daher trotzdem, entweder an eine unbekannte Person oder auf einen Wechsel, welcher Radirungen oder andere sichtbare Mängel enthielte, die Zahlung leisten sollte; so würden ihn möglicherweise die Folgen seiner mala fides treffen [3]). Denn in diesem Falle räumen die Gesetze und die Handels-Usancen dem Bezogenen das Recht ein, selbst demjenigen keine Zahlungen zu leisten, der sich als Eigenthümer des Wechsels ausweiset, und berechtigen ihn, statt dessen die Summe gerichtlich zu hinterlegen [4]).

---

[1]) Siehe weiter unten das V. Capitel, welches von dem Zeitpunkte der Perfection der durch den Telegrafen geschlossenen Verträge handelt.
[2]) Cattaneo: Allgem. Wechselrecht. Seite 171; Mittermayer (Archiv, Seite 286, Num. 4).
[3]) Bosellini a. a. O.
[4]) Protokolle der Leipziger Konferenz über die Berathung in Betreff der allgem. Wechselordnung, Seite 69 und folg.

7. Mit Beobachtung gewisser Vorsichten kann der Telegraf auch dazu dienen, schriftliche Verträge zu schliessen. Es dürfte zweckmässig sein, nachstehenden praktischen Fall hier anzuführen. Titius und Cajus hatten einen Kaufvertrag abgeschlossen und die Errichtung einer regelmässigen Urkunde darüber verabredet. Da aber Titius vor der Unterzeichnung derselben an einen sehr enfernten Ort abreisen musste; so theilte ihm Cajus den Wortlaut der Urkunde mit und ersuchte ihn, diese zu unterfertigen. Titius erklärte durch den Telegrafen, dass er den Vertrag in der mitgetgetheilten Form genehmige und denselben unterzeichne; aber der Advokat des Cajus war so vorsichtig, sich mit dieser einfachen Erklärung nicht zufrieden zu stellen, sondern bestand darauf, dass Titius von einem Notare einen Act aufnehmen lasse, welcher genau den Wortlaut des obigen Vertrages enthielte, und von dem nach erfolgter Unterfertigung eine Abschrift bei dem Telegrafenamte hinterlegen müsse. Nachdem darauf der Telegrafenbeamte angezeigt hatte, dass aus einem, bei dem Telegrafenamte hinterlegten Notariats-Acte ersichtlich sei, dass Titius den Vertrag so und so unterzeichnet habe, wurde in Folge, als über die Gültigkeit des schriftlichen Vertrages Streit entstand, durch Urtheil die letztere anerkannt [1]).

§. 15. Wenn jemals die Telegrafen zu jener Vervollkommnung gelangen, welche die neuesten Entdeckungen ahnen lassen [2]); so werden wahrscheinlich die Telegrafen unter Beobachtung besonderer, durch ihr Wesen bedingter Vorsichten einstens ganz die Stelle der Schrift einnehmen. Denn dann werden die Schriftzeichen entfernter Personen durch sie eine documentale Beweiskraft erhalten; aber bei dem gegenwärtigen Zustande der Telegrafen-Apparate kann man dies, selbst wenn das Gesetz dem Telegrafenbeamten den Charakter der allgemeinen Glaubwürdigkeit verleihen sollte, keinesfalls zugeben [3]).

§. 16. Diese Abhandlung beschäftiget sich zwar speciell nur mit dem bürgerlichen und Handels-Rechte; aber den beachtenswerthen Rathschlägen der Professoren in Modena, Herrn Bosellini und Herrn Ferrari, folgend und von ihren Andeutungen Gebrauch machend, erachte ich es für angezeigt, die wichtigeren Fälle kurz zu bezeichnen, in welchen man in kirchlichen Gegenständen den Telegrafen mit Nutzen verwenden kann. Ich thue dies um so lieber, weil dieselben vortheilhafte Vergleiche mit dem Civilrechte ermöglichen.

Der Telegraf ist einem Patronatsherrn zur Ernennung oder Präsentation des Beneficiaten, wenn der Termin zu Ende geht, von Nutzen; er kann seine Dienste leisten, wenn es sich darum handelt, den Parteien, den Bischöfen oder den Pfarrern dringende Dispensen in Ehesachen zu ertheilen; um die Appellations-Anbringung oder Annahme gegen eine Suspension oder ein Verbot bei dem oberen Gerichte zu

---

[1]) So erhielt dies von Bosellini vorgeschlagene Mittel die Bestätigung durch ein Urtheil.
[2]) Wir kommen später auf diesen Gegenstand zurück.
[3]) Siehe das Capitel über die rechtliche Natur der Telegramme.

melden; um Anzeigen, geschehene Aufkündigungen in Ehesachen oder das Vorhandensein anderer, von der Kirche zum Vollzuge einer Trauung geforderten Bedingnisse (z. B. der Beibringung eines Taufscheines) bekannt zu geben. Dasselbe gilt für Kundmachungen von Subdiaconaten, Diaconaten und Presbyteraten.

Immerhin kann aber der Telegraf noch mit Vortheil in Anwendung kommen in jenen Fällen, wo es sich darum handelt, den Tod eines Ehegatten anzuzeigen, um eine zweite Ehe zu ermöglichen, oder um die Weihen empfangen oder ein Gelübde ablegen zu können; wenn es sich darum handelt, das nihil transeat von einem Bischofe an einen anderen oder an einen Pfarrer gelangen zu lassen, damit eine Trauung nicht vollzogen werde, welcher Hindernisse entgegenstehen — oder um Ernennungen bekannt zu geben, oder den Segen oder päbstliche Absolutionen zu ertheilen u. s. f.

Ferner, wenn es sich darum handelt, einem Beichtvater die Vollmacht zu ertheilen, in reservirten Fällen zu absolviren, Anderen besondere Ermächtigungen zu geben oder dieselben zu erweitern, oder umgekehrt die einem General-Vicar, Coadjutor, oder einem anderen Priester ertheilten Vollmachten zu widerrufen oder zu beschränken; wenn es sich um Streitigkeiten über das kirchliche Begräbniss oder über das Begräbniss an einem privilegirten Orte handelt — und endlich in noch anderen Fällen, welche wir der Kürze wegen aufzuzählen unterlassen.

Aber ich muss jetzt diese allgemeinen Bemerkungen abbrechen, um zu dem besonderen Theile zu kommen, wo ich die Hauptfragen erörtere, welche durch die Benützung des Telegrafen hervorgerufen werden.

V.

Zeit und Ort des Zustandekommens eines durch den Telegrafen abgeschlossenen Vertrages.

§. 17. Die Frage: wann und wo ein telegrafisch abgeschlossener Vertrag perfect werde, ist von so grosser praktischer Wichtigkeit, dass sie mit einer gewissen Ausführlichkeit behandelt zu werden verdient.

Folgender praktische Fall wird die Zweckmässigkeit unserer Nachforschung darthun.

Titius in Genua bietet dem Cajus in Paris den Kauf einer bedeutenden Parthie Waaren an. Die um 10 Uhr Vormittags bei dem Telegrafenamte in Genua aufgebene Depesche wird dem Cajus gegen Mittag zugestellt. Durch eine um 6 Uhr Nachmittags aufgegebene Depesche nimmt Cajus den Antrag an und verlangt die sofortige Uebersendung der Waaren; aber das Unglück will, dass die Depesche erst am Morgen des darauf folgenden Tages an ihre Adresse gelangt. Durch ein am vorhergehenden Abend um 7 Uhr aufgegebenes Telegramm hat aber Titius dem Cajus die Anzeige gemacht, dass er die Waaren einem Anderen verkauft habe und seinen Antrag zurückziehe. In der Zwischenzeit hatte Cajus ein grosses Magazin zur Unterbringung der Waaren gemiethet und zu dem Ende noch andere Ausgaben gemacht; er hatte selbst einen bedeutenden Theil derselben Waaren wieder an einen Dritten verkauft und, was das Schlimmste ist, ein vortheilhaftes anderweitiges Anerbieten, kurz nach Annahme des von Titius ihm gestellten Antrages ausgeschlagen. Ausserordentliche Umstände bewirkten endlich eine fühlbare Steigerung des Preises derselben Waaren, so dass dadurch Cajus neben den erlittenen Verlusten nun auch nicht mehr in der Lage war, die übernommenen Verpflichtungen zu erfüllen.

Jedermann begreift, dass dieser Fall mit der Lösung der Frage, welche die Ueberschrift dieses Kapitels bildet, auch die eigene finden wird.

Solche Fälle wiederholen sich häufig, besonders dann, wenn Anträge durch Briefe gemacht werden, und die Vertragschliessenden an sehr entfernten Orten wohnen, wodurch es öfters als sonst geschieht, dass Briefe sich kreuzen.

§. 18. Es versteht sich von selbst, dass zur Entscheidung obiger Frage bezüglich der telegrafischen Correspondenzen dieselben Grundsätze massgebend sein müssen, welche für den Vertragsabschluss durch Briefe gelten. Da aber die Meinungen der bedeutendsten Schriftsteller über den Augenblick der Perfection eines brieflich abgeschlossenen Vertrages merkwürdig weit auseinandergehen; so bleibt aus diesem Grunde die Frage noch immer ungelöst und es ist darum unsere Pflicht, uns damit besonders zu beschäftigen.

Da, wie bekannt, das Wesen des Vertrages, in der vollkommenen Willens-Einigung der Kontrahenten liegt, so ist es offenbar, dass durch die Bestimmung dessen, was die Willens-Einigung vollständig macht, wir auch zugleich Zeit und Ort kennen, an welchem der Vertrag selbst als vollständig abgeschlossen anzusehen ist. Nachdem thatsächlichem Vorhandensein der Einwilligung gibt es keinen Widerruf derselben, da es keinem der Kontrahenten dann gestattet ist, nach Belieben von dem Vertrage zurückzutreten. Und umgekehrt steht es auch jedem Theile frei, seinen Willen in solange, als die Einwilligung noch nicht vollkommen ist, zu ändern. Es ist also unumgänglich nothwendig, dass um den Vertrag perfect zu machen, der von den Promittenten ausgesprochene Wille dem anderen Theile gegenüber bis zum Augenblicke der Annahme seine rechtliche Existenz beibehalte. Darin sind alle einig; aber der Knotenpunkt der Frage ist der, zu wissen, in welchem Augenblicke die Willens-Einigung unter den Abwesenden eintritt, und gerade hierüber sind die Schriftsteller uneinig.

§. 19. Die Ansichten der Schriftsteller — ohne einzelne minder bedeutende streitige Punkte zu beachten, — sind hauptsächlich folgende zwei:

Einige behaupten, dass ein Vertrag insolange nicht als geschlossen anzusehen ist, bis der antragstellende Theil nicht die Nachricht von der Annahme erhalten hat. So Hugo Grotius[1]), Daries[2]), Heinecius[3]), Merlin[4]), Hert[5]), Hasse[6]), Toullier[7]), Troplong[8]), Perdessus[9]), Massé[10]), Wächter[11]), Carozzi[12]), Basevi[13]), Delamarre et le Poitvin[14]), Maynz[15]), die Commentatoren von Zachariae[16]), Bekker[17]), Precerutti[18]) und noch.viele Andere.

Nach der Meinung derselben können beide Kontrahenten ihre Erklärung so lange noch zurückziehen, als die Annahme nicht zur Kenntniss des Antragenden gelangt ist. Der Hauptgrund, welcher zur Stütze dieser Ansicht vorgebracht wird, ist, dass es, insolange der Antragende keine Nachricht von der Annahme erhalten hat, sich gerade so verhält, als ob gar keine solche vorhanden wäre; oder, wie Troplong sagt, sie ist nur ein propositum in mente retentum, welches niemand verpflichtet. Ein Brief, meint er, nimmt die Stelle des Wortes ein; aber gerade so wie das Wort keine Wirkung hat, wenn

---

[1]) De jure belli et pacis, II. cap. 11. §. 15. — Eigentlich unterscheidet Hugo Grotius zwischen ein- und zweiseitigen Verträgen, nimmt für letztere an, es liege im Willen der Contrahenten, dass durch die Annahme der Vertrag, auch noch bevor der Antragsteller davon in Kenntniss gesetzt wurde, perfect sei, und vermuthet nur bezüglich der ersteren das Gegentheil. (Siehe Note 3.)

[2]) Instit. Jurisprud. univ. §. 415. „Pacta requirunt: 1. promissionem, 2. acceptationem promissionis, 3. consensum promittentis in promissionis acceptationem."

[3]) Praelect. acad. ad Hug. Grot. II. 11. §. 15. Heineccius ist entschiedener, als der von ihm commentirte Autor, (Siehe Note [1],) und widerlegt die von Grotius gemachte Unterscheidung mit den Worten: Sed non opus est his ambagibus; Semper requiritur, ut acceptatio mihi innotescat.

[4]) Repertoire, Wort Vente, §. 1. Art. 3.

[5]) De commeatu Literarum. §. 16 und folg.

[6]) Rheinisches Museum, II. Seite 371.

[7]) Droit civil, liv. III. tit. III. Num. 29.

[8]) Vente, Num. 22; Louage Num. 105. Note 5.

[9]) Droit commercial, I. Num. 250.

[10]) Le droit commercial, II. Num. 94, IV. Num. 24.

[11]) Archiv für die civ. Praxis XIX. Seite 116, Note 3.

[12]) La vera teoria dei contratti. Art. I. Num. 3.

[13]) Annotazioni al codice civile austriaco §. 862.

[14]) Droit commercial I. Num. 104, II. Num. 56.

[15]) Elements de droit romain II. §. 284, Note 10.

[16]) Droit civil français, trnd. par Massé et Vergé §. 613, Note 6.

[17]) In seinem Jahrbuch II. 342: III. 116. In einigen Punkten nähert sich jedoch Bekker der entgegengesetzten Ansicht.

[18]) Elementi di diritto civile patrio Num. 709. — Es ist mir unbegreiflich, mit welchem Rechte Precerutti behauptet, dass die von ihm vertretene Ansicht ausdrücklich vom preuss. Landrechte angenommen sei, da dieses doch öfters ganz entgegengesetzte Bestimmungen enthält. Und wirklich im ersten Theile, 5. Titel, §. 80 heisst es: „der Augenblick, in welchem die Annahme gehörig erklärt worden, bestimmt also auch den Zeitpunkt des geschlossenen Vertrages", und im §. 102. „In allen Fällen, wo nicht ein Anderes ausdrücklich bestimmt ist, wird dafür gehalten, dass die Annahme in dem Zeitpunkte geschehen sei, wo der Annehmende Alles gethan hatte, was von seiner Seite zur Bekanntmachung seiner Erklärung an den Antragenden erforderlich war." (Siehe auch noch den §. 17 und weiter unten Seite 18.)

es nicht das Ohr des Angesprochenen trifft; so wird auch ein Brief erst dann ein wirkliches und vollständiges Werkzeug des Geistes, wenn derselbe vom Adressaten gelesen wird.

Die anderen Schriftsteller im Gegentheile halten es nicht für nothwendig, dass die Einwilligung des Annehmenden dem Antragssteller bekannt sein müsse, damit der Vertrag vollständig werde. Nach ihrer Ansicht hat der Widerruf des Antrages nur dann eine Wirkung, wenn er dem anderen Theile vor der Annahme zukommt. So lehren Lauterbach[1]), Hommel[2]), De Luca[3]), Pothier[4]), Meyer[5]), Wening[6]), Mühlenbruch[7]), Duranton[8]), Duvergier[9]), Zachariae[10]), Molitor[11]), Koch[12]), Puchta[13]), Savigny[14]), Siutenis[15]), Thöl[16]), Parodi[17]), Bluhme[18]), Reyscher[19]), Marcadé[20]), Scheuerl[21]), und viele andere noch.

Dieser Grundsatz ist auch vom Spanischen[22]), vom Portugisischen[23]), vom Bayerischen[24]) Handels-Gesetzbuche, dann von dem

---

[1]) De nuncio §. 67, 68 (Diss. acad. III. Num. 107).
[2]) Rhapsod. quaest. Observat. 409, Num. 18.
[3]) De alienat. Disc. 47; de bonef. disc. 93, Num. 8. Nachdem dieser ausgezeichnete Gelehrte bemerkt hat: es sei nöthig, dass der Antragende von der Annahme verständigt werde, fährt er fort:

„Et rationabiliter quidem, quoniam ubi absens dat mandatum ad contrahendum cum altero in diverso loco existente, eo ipso quod alterius consensus sequitur, ita fieri dicitur consensuum conjunctio perficiens contractum (ut bene praesertim advertitur decis. 395, part. 5, recent.) ubi de transmittente literas cambii corresponsali absenti, qui eas accepit, quoniam in ipso actu acceptationis resultare dicitur conjunctio consensuum ac perfectio contractus in loco acceptationis, in quo dicta conjunctio sequatur."

[4]) Vente Num. 33. Oblig. Num. 4.
[5]) De conflictu legum. Seite 59 und folg.
[6]) Archiv II. Seite 269.
[7]) Pandecten; vierte Auflage, §. 431. (In der dritten Auflage seiner Doctrina Pandectarum liest man gerade das Gegentheil).
[8]) Cours de Droit civil, XVI. Num. 15.
[9]) Vente Num. 54 und 59.
[10]) Franz. Civilrecht. §. 443.
[11]) Les obligations. II. Num. 49.
[12]) Das Recht der Forderungen, II. §. 271.
[13]) Pandecten, §. 251, Note c.; Vorlesungen über das heut. römische Recht, §. 251.
[14]) System des heut. röm. Rechtes, VIII. §. 371.
[15]) Das practische gemeine Civilrecht, II. §. 96.
[16]) Handelsrecht, Seite 174.
[17]) Lezioni di diritto commerciale II. Seite 41.
[18]) Encyclopädie, II. Abtheilung (Privatrecht) §. 266.
[19]) Würtembergisches Privatrecht II., §. 411 und im obbez. Werke §. 5.
[20]) Explication du code Napoleon art. 1108.
[21]) Im obbezeichneten Werke (Jahrb. von Ihering II. 247). In seinen „Beiträgen" äussert er eine etwas verschiedene Ansicht.
[22]) Libero Segundo, art. 243. En las negociaciones que se tratan por corespondentia se consideraran concluidos los contratos, y surtiran efecto obligatorio desde que el que recibió la propuesta espida la carta de contestacion acceptandola pura e simplemente, sin condicion ni reserva; etc.
[23]) 252, 498, 499.
[24]) Art. 321. Im Art. 320 ist jedoch bestimmt, dass, wenn der Annehmende

Entwurfe des Würtembergischen [1], des Preussischen [2] und des allgemeinen Deutschen Handels-Gesetzbuches [3] u. s. f. sanktionirt.

§. 20. Zu dieser letzteren Ansicht neige auch ich mich, selbstverständlich mit Vorbehalt der wenigen Einschränkungen, welche begründet werden sollen.

Da ich über diesen sehr wichtigen Gegenstand eine längere Arbeit bereits veröffentlicht habe, so halte ich es für überflüssig, alle diesbezüglichen Details zu berühren, und begnüge mich mit der Aufführung der wichtigsten Gründe nebst den daraus gezogenen Schlüssen. Den ersten der angeführten Grundsätze kann man keineswegs unbedingt annehmen, wie schon daraus hervorgeht, dass man ihn durchaus nicht bei den Real-Kontracten, dem Darlehen, dem Kommodate, dem Pfandvertrage und dem Depositum anwenden kann. Wenn ich z. B. unaufgefordert einem Freunde ein Buch zum Lesen schicke und er es zu diesem Zwecke annimmt, so kann kein Zweifel obwalten, dass hier ein Leihvertrag besteht, wenn ich auch von der geschehenen Annahme noch keine Kenntniss habe. Ebenso, wenn ich einem Gläubiger einen werthvollen Gegenstand in der Absicht sende, dass er diesen zu seiner Deckung für eine gewisse Forderung behalte, und jener denselben zu diesem Ende annimmt; so ist offenbar ein Pfandvertrag zu Stande gekommen, auch noch bevor ich von der Annahme wusste. Dasselbe gilt vom Verwahrungs- und Darlehens-Vertrage [4]).

Es könnten mir jedoch die Anhänger des ersteren Satzes einwenden: Bezüglich der Realcontracte könnten wir euere Ansicht theilen; wir haben hier jedoch nur die Consensual-Verträge im Auge. Zugegeben: sehen wir aber, ob jener wenigstens auf letztere Verträge Anwendung finden kann. Betrachten wir zum Beispiele den Vollmachts- und den Kommissions-Vertrag.

Welcher Handelsmann, der den Auftrag ertheilt hat, eine gewisse Waare zu kaufen oder zu verkaufen, wird sich berechtigt halten, denselben auch nach seiner Ausführung aus dem Grunde oder, besser gesagt, unter dem Vorwande zu widerrufen, dass er noch keine Nachricht von der Annahme des Auftrages erhalten hat? Gewiss keiner, und ich berufe mich hier auf den gesunden Verstand der Kaufleute, welche in dieser Materie die competentesten Richter sind. Man wird uns vielleicht antworten, dass der gesunde Verstand der Kaufleute kein Gesetz ist. Wenn dies auch der Fall wäre und dem vernünftigen Urtheile ein Sophisma vorgezogen werden sollte, so könnte man doch

---

dem Antragsteller den Widerruf vor der Annahme oder gleichzeitig mit derselben zukommen lässt, die Annahme als nicht erfolgt angesehen wird. Diese Fiktion entspricht vollkommen der Billigkeit. (Siehe weiter unten den §. 24.)

[1]) Art. 289: „Mit der Absendung der annehmenden Erklärung auf einen schriftlichen Antrag ist der Vertrag geschlossen.
[2]) Drittes Buch, Erster Titel, Art. 239, Art. 238, Al. 2, entspricht dem Art. 320 des Entwurfes des H. G. B. für Deutschland und des bair. H. G. B. (Siehe die vorstehende Note [2].)
[3]) Art. 317—323. Wir werden später auf diese Artikel zurückkommen.
[4]) Siehe Scheuerl a. a. O. Seite 251. Scritti Germanici a. a. O.

nicht dasselbe von den Handelsgebräuchen sagen, welche eine nicht minder wichtige und bindende Rechtsquelle als das geschriebene Gesetz sind, besonders dann, wenn dieses entweder ganz schweigt oder uns, wie im gegenwärtigen Falle, in der Ungewissheit lässt.

Dass aber die Handels-Gebräuche aller Länder für meine Ansicht sprechen, ist Jedermann bekannt. Es ist aber wahrlich nicht nöthig, uns besonders auf die Handels-Gebräuche zu stützen, da ja selbst Schriftsteller, welche den allgemeinen Grundsatz aufstellen, dass für das Zustandekommen des Vertrages die Kenntniss der erfolgten Annahme erforderlich sei, bezüglich des Vollmachts-Vertrages eine Ausnahme zugeben. Ich begnüge mich, die Worte der Herren Delamarre et Le Poitvin zu citiren, welche nach Aufstellung des Satzes, dass zur Perfection eines Vertrages die gegenseitige Manifestation und Kenntniss des Willens nöthig sei, so fortfahren: „Dieses im Allgemeinen richtige Princip der Gegenseitigkeit findet auf den Kommissions-Vertrag keine Anwendung," und später hinzufügen: „Nehmen wir also den Grundsatz an, dass das durch Zuschrift angetragene und vom Bevollmächtigten wirklich angenommene Mandat **schon im Augenblicke der Annahme ein vollkommener Vertrag wird, wenn auch letztere dem Auftraggeber nicht bekannt wurde** [1]."
Dass dieser Grundsatz den Gesetzen der gesunden Vernunft und der Natur der Sache entspricht, ist unzweifelhaft. Der Kommissions-Vertrag würde alle seine Vortheile einbüssen und in den meisten Fällen zwecklos und unausführbar werden, wenn es nothwendig wäre, dass vor der Erfüllung des Vertrages der Wille jedes der Contrahenten dem anderen bekannt sein müsste. — Man setze z. B. den Fall, dass man von Genua aus nach Hamburg den Auftrag gibt, Waaren auf ein bald auslaufendes Schiff zu laden. Wird nun der Mandatar, um sich sicherzustellen, so lange warten müssen, bis die Nachricht von der Annahme des Auftrages in Genua angekommen ist? Und wie könnte er dies erfahren? Wird er auf eine Antwort des Anderen warten müssen? Solche Umständlichkeiten und überflüssige Verwicklungen in der Korrespondenz würden den Verlust einer kostbaren Zeit herbeiführen und es könnte selbst der Zweck des Auftrages in Folge dessen vereitelt werden.

Was von dem brieflichen Mandate gilt, findet aber auch auf den durch den Telegrafen gegebenen Auftrag seine volle Anwendung, besonders wenn derselbe Börse-Geschäfte betrifft, wo jeder Augenblick kostbar ist und wobei das Schicksal eines Handlungshauses auf dem Spiele stehen kann.

Diese Betrachtungen haben auch die Vertreter der von uns angefochtenen Ansicht dazu bewogen, für das Mandat und den Kommissions-Vertrag eine Ausnahme zuzugeben. Wenn nun aber nach der Ansicht unserer Gegner ihr Grundsatz auf keinen jener Verträge, welche re perficiuntur, und nicht einmal auf alle Konsensual-Verträge Anwen-

---

[1] Traité du droit commercial, II. num. 57.

dung findet; so ist nicht nur das begründet, was ich oben über den absoluten Werth dieses Grundsatzes gesagt habe, sondern auch der Verdacht gerechtfertigt, dass er im Allgemeinen ganz und gar unrichtig sei.

Prüfen wir also die Gründe, auf welchen sich derselbe stützt. Die Einwilligung, sagt man, ist so lange nicht wirklich vorhanden, als sie nicht zur Kenntniss des Proponenten gelangt ist. Abgesehen davon, dass hier etwas als unbestritten hingestellt wird, was es in der That nicht ist; so können wir auch nicht zugeben, dass der Antragsteller gerade von der Einwilligung so lange keine Kenntniss hat, als er die Annahme des anderen Theiles nicht erfährt.

Und wirklich. Wenn der Oblat meinen Antrag annimmt, so war die Einwilligung in **meinem Willen** schon da. Ja sie ist in dem Antrage selbst enthalten und die Annahme bewirkt nichts Anderes, als das zu verwirklichen, was ich bei mir als künftiges, erwünschtes Ereigniss ansah. Man kann also nicht behaupten, dass ich **ohne mein Wissen** in ein Rechts-Verhältniss verflochten werde, welches ich doch selbst **gesetzt und gewollt** und von der Annahme des anderen abhängig angesehen habe, obwohl nach der Art und Weise, wie das Rechts-Verhältniss zu Stande kommt, die Erfüllung meiner Absicht und meines Wunsches ohne mein gleichzeitiges Mitwissen eintritt.

Die der Postanstalt oder dem Telegrafen-Amte zur Beförderung anvertraute Einwilligung hört darum nicht auf, eine unzweifelhafte Thatsache zu sein, wenn sie auch einem Theile noch unbekannt ist: oder, wie sich Justinians Institutionen ausdrücken; quae per rerum naturam sunt certa, non morantur obligationem, licet apud nos incerta sint[1]).

Diese Begründung, wird man uns aber entgegnen, kann nur für jene Fälle gelten, wo es sich blos um die einfache Annahme eines Versprechens handelt, aber nicht da, wo die Annahme ein Versprechen auch auf Seite des Annehmenden in sich schliesst; da man insolange, als diese von dem Antragenden nicht angenommen ist, nicht sagen kann, es sei die Einwilligung vorhanden.

Es ist leicht, diese Begründung zu widerlegen: in dem Antrage ist schon an und für sich die Annahme des durch jenen provocirten Versprechens enthalten.

---

[1]) §. 6. de Verb. Oblig. III. 15. Siehe Molitor a. a. O. Nr. 49. Scheuerl a. a. O. und Scritti germanici Diss. I. Cap. 1. (Molitor stützt sich auch auf den Art. 1121 des franz. Code (Art. 1208 des Cod. Albertino), nach welchem das zu Gunsten eines Dritten gemachte Auerbieten in dem Augenblicke wo es der Oblat annimmt, unwiderruflich wird. Toullier, Precerutti und andere setzen jenem Artikel die Bestimmungen des Art. 932 (Art 1127 des Cod. Albertino) entgegen, welcher erklärt, dass, wenn ein Beschenkter die Annahme nicht im Augenblicke der Schenkung selbst, sondern erst durch eine später errichtete Urkunde ausdrückt, diese Schenkung erst von dem Tage, an welchem die Annahme dem Geschenkgeber bekannt geworden ist, wirksam sein soll. Wie aber Molitor trefflich bemerkt, bestimmt dieser Artikel ausschliesslich für die Schenkungen ausnahmsweise Förmlichkeiten, und bestätiget dadurch gerade den entgegengesetzten Grundsatz.

Ein anderer uns gemachter Einwurf ist folgender. Der Antrag kann, insolange als er nicht bekannt und angenommen ist, widerrufen werden. Was für den Antrag gilt, das muss auch für die Annahme gelten; auch diese wird man, bevor sie dem Antragenden bekannt geworden ist, zurücknehmen können. Allein dieser Schluss ist nichts als eine petitio principii. Gewiss kann der Antrag, bevor er angenommen ist, widerrufen werden, da derselbe allein keinen Vertrag bildet und da es, wie gesagt, nöthig ist, dass bei Annahme eines Versprechens, dieses noch seine rechtliche Existenz bewahre, damit eine Einigung der Willen stattfinden könne.

Wenn aber behauptet wird, dass darum die Annahme widerrufen werden könne, so heisst das: etwas als bestimmt annehmen, was gerade streitig ist.

Logischerweise müsste man verlangen, dass das in der Annahme enthaltene Versprechen nicht nur vom Antragenden gekannt, sondern auch angenommen worden sein muss und dass diese Annahme wieder dem anderen Theile zur Kenntniss kommen solle. Ich frage nun, wo werden wir bei dieser Nothwendigkeit, dass ein Theil immer den gegenwärtigen Willen des anderen kenne, stehen bleiben? Wann wird man einmal sagen können, dass sich die Willen geeiniget haben? Niemals, so dass es eine absolute Unmöglichkeit wäre, durch Briefe oder durch den Telegrafen Verträge zu schliessen. Glücklicherweise ist aber dies Alles nicht nothwendig. Der durch Brief oder durch den Telegrafen abgeschlossene Vertrag wird durch die ausdrückliche oder stillschweigende Annahme des Versprechens, welche die Einigung der Willen zur vollendeten Thatsache macht, perfekt.

§. 21. Welche Merkmale muss aber die Annahme, durch welche die Einigung der Willen erfolgt, haben?

Die Lösung dieser Frage bietet keine Schwierigkeiten, so lange als es sich um Verträge handelt, welche durch stillschweigende Zustimmung abgeschlossen werden, da in diesen Fällen offenbar die Handlung, welche die Einwilligung zur Thatsache macht, diejenige ist, in welcher die stillschweigende Erklärung der Einwilligung selbst enthalten ist. Die Schwierigkeiten stellen sich nur in jenen Fällen dar, wo der Vertrag durch ausdrückliche Einwilligung abgeschlossen wird[1]).

Es handelt sich also für den Augenblick nur darum, zu wissen, wann eine ausdrückliche und wann eine stillschweigende Einwilligung erforderlich sei. Wenn wir die Frage nur auf die Consensual-Verträge beziehen (da, wie gezeigt wurde, bei den Real-Verträgen eine ausdrückliche Annahme nicht nöthig ist), so können wir den Grundsatz aufstellen, dass in der Regel die stillschweigende Einwilligung dann genügt, wenn es sich um die einfache Annahme eines Versprechens handelt[2]). In dem Falle aber, wenn die Annahme ihrerseits wieder ein

---

[1]) Scheuerl a. a. O. Scritti germ. I. Kapitel.
[2]) In der That: Der Antragende wird sich bei dieser Gattung von Verträgen eine ausdrückliche Erklärung nur für den Fall der Nichtannahme erwarten; er wird die Annahme für wahrscheinlicher als letztere halten und

Versprechen von Seite des Abwesenden in sich schliesst, wird man wohl jenen Akt, wodurch dieser das, was von ihm verlangt wird, erfüllt oder zu erfüllen strebt, als Annahme ansehen können: aber eine anderweitige stillschweigende Erklärung wird man nicht als Vertrags-Abschluss betrachten können, da sie nicht die Stelle eines Versprechens einnehmen kann[1]).

In dem Falle der ausdrücklichen Annahme, entsteht die neue Frage, ob es genügt, wenn das die Annahme enthaltende Document geschrieben ist, oder ob es dem Telegrafen-Amte oder der Post übergeben sein muss; und dann, ob die Aufgabe an und für sich schon genügt, oder ob es absolut nothwendig ist, dass die Depesche an ihre Adresse gelange?

Nach dem bis jetzt Gesagten kann über die Antwort kein Zweifel obwalten. Ich denke, es seien die Extreme zu vermeiden, und glaube, dass, wenn der Annehmende Alles das gethan hat, was von seiner Seite nöthig war, um seine Erklärung dem Antragsteller zukommen zu lassen, er seine Verpflichtung vollkommen erfüllt hat.

Demnach muss die Erklärung keineswegs dem anderen Theile schon zugekommen sein. Dadurch, dass der annehmende Theil die Depesche im Telegrafenamte hinterlegt oder den Brief zur Post getragen, oder dem Boten übergeben hat, oder diesem den Auftrag ertheilte, den Antragsteller zu verständigen, hat er seine Annahme erklärt und den Vertrag geschlossen.

§. 22. Wir haben gesagt, dass die Annahme des Antrages den Vertrag auch dann perfekt mache, wenn selbst der Antragende von derselben noch keine Kenntniss hat, unter der Bedingung jedoch, dass

---

sich schon dann für gebunden erachten, wenn er keine negative Antwort bekommt. (Siehe Scheuerl a. a. O.)

[1]) Professor Scheuerl wirft (in seinem geschätzten Aufsatze, der mir als Leitfaden bei Behandlung dieser Frage gedient hat) die Frage auf: Wenn der Annehmende seine Einwilligung ausdrücklich erklären muss, oder den Vertrag durch eine ausdrückliche Annahme abschliessen will, wird die einem Dritten abgegebene Erklärung genügen, oder wird er diese dem Antragenden selbst abgeben müssen?

Wenn eine stillschweigende Einwilligung genügt, dann ist eine ausdrückliche Erklärung nicht nur nicht nothwendig, sondern sogar überflüssig. Wenn aber die Annahme ein neues Versprechen in sich schliesst, dann genügt jene dritten Personen, welche nicht Machthaber sind, nicht, da man ein Versprechen auf keine andere Weise machen kann, als wenn man es an den Vertragschliessenden selbst oder an seinen Mandatar richtet. Man wird vielleicht einwenden, dass, wenn einmal die Möglichkeit zugegeben wird, einen Vertrag durch stillschweigende Erklärung abzuschliessen, die Gewissheit der Einwilligung wohl immer angestrebt wird, dass aber diese auch durch die einem Dritten gegenüber abgegebene Erklärung erzielt ist. Diese Begründung wäre aber falsch. Die stillschweigende Erklärung hat immer nur den Sinn einer dem Antragenden gegenüber erfolgten Willens-Aeusserung; das positive oder negative Verhalten, in welchem dieselbe besteht, bezieht sich immer auf den Antragenden: und das, was darunter verstanden wird, ist gerade die an denselben gerichtete Erklärung.

der Antrag dem Annehmenden gegenüber im Augenblicke der Annahme noch seine rechtliche Existenz beibehalten habe.

Es erübrigt also noch, jene Fälle zu betrachten, in welchen der Antrag seine rechtliche Existenz verliert. Mit Rücksicht darauf, dass diese Fälle, die zwei ersten ausgenommen, bei den durch den Telegrafen abgeschlossenen Verträgen höchst selten eintreten werden, halte ich es für zweckmässig, in Kürze jene Ergebnisse anzuführen, zu welchen mich mein obbezeichneter Aufsatz über den Abschluss von Verträgen unter Abwesenden, führte [1]), ohne übrigens das aus den Augen zu verlieren, was sich besonders auf die telegrafischen Korrespondenzen bezieht.

Jene Ereignisse, welche dem durch den Antrag erklärten Willen seinen rechtlichen Bestand nehmen können, sind folgende vier:
1. der Ablauf der Zeit;
2. der Widerruf von Seite des Antragstellers;
3. dessen Tod; und
4. der immerwährende Verlust seiner Handlungs-Fähigkeit.

I. **Ablauf der Zeit.** — Der Wille mit einer abwesenden Person einen Vertrag zu schliessen, ist schon an und für sich von begränzter Dauer.

Wenn Jemand einen Antrag stellt, so kann er nicht die Absicht haben, sich für immer zu binden, den bestimmten Vertrag schliessen zu wollen, sondern er hat nur eine gewisse Zeit im Auge. Von welcher Dauer diese sein wird, das steht ganz und nur dem Antragenden zur Bestimmung zu, der nach Belieben einen längeren oder kürzeren Termin festsetzen kann. Wenn derselbe aber auch gar keinen Termin bestimmt hätte, wie das meistens der Fall ist, so wäre es demnach selbstverständlich, dass der Antrag nur für eine bestimmte Zeit gemacht worden ist, und der Richter wird nur mit Berücksichtigung der besonderen Verhältnisse in den einzelnen Fällen, der Gesetze, Ortsgebräuche und der Natur des Vertrages selbst eine Entscheidung fällen können. Welch' immer der Termin sei, in jedem Falle wird dessen Ablauf verhindern, dass die verspätete Annahme für sich allein den Vertrag herstelle [2]). Wenn ich aber sage, dass bei der Bestim-

---

[1]) Scritti germ. Diss. I.
[2]) Mit Rücksicht auf die Möglichkeit, dass der Antragsteller, freiwillig den an und für sich unwirksam gewordenen Antrag aufrecht erhalten wolle, kann man sagen, dass die nach Ablauf der Zeit geschehene Annahme das Rechts-Verhältniss in der Schwebe halte und dass, jenachdem der Antragende die Annahme genehmigt oder verwirft, das Vertrags-Verhältniss als bestehend oder als nicht bestehend angesehen werden muss. — Man kann also in diesem Falle sagen, der Vertrags-Abschluss sei dadurch bedingt, dass es in das Belieben des Antragstellers gestellt ist, nachdem er von der Annahme Kenntniss erhalten hat, sich zu erklären, ob er den Antrag als stillschweigend erneuert ansehen will oder nicht. Der Annehmende ist verbunden, diese Erklärung des Antragstellers abzuwarten; und wenn seine Annahme verworfen wird, so ist er eben so gut wie der Antragende von jeder Verbindlichkeit frei und es stellt sich das Verhältniss derartig, als ob weder Antrag noch Annahme stattgefunden hätte.

mung der Zeit, innerhalb welcher der eine Theil seine Annahme zu erklären hat, auf die Gesetze, Handels-Usancen und Ortsgebräuche Rücksicht zu nehmen ist: so denke ich dabei an die Zukunft, nicht aber an die Gegenwart, da bezüglich der durch den Telegrafen abgeschlossenen Verträge, meines Wissens, in keinem Lande Gesetze bestehen, und auch nicht gesagt werden kann, dass durch die Handels-Usancen feste Regeln aufgestellt worden seien. Sogar der Entwurf des deutschen Handels-Gesetzbuches, obwohl aus neuester Zeit stammend, gedenkt nirgends der Telegrafen und stellt nachstehenden, sehr allgemeinen, auf alle Verträge unter Abwesenden anwendbaren Grundsatz auf:

Bei einem unter Abwesenden gestellten Antrage bleibt der Antragende bis zu dem Zeitpunkte gebunden, in welchem er bei ordnungsmässiger, rechtzeitiger Absendung der Antwort den Eingang der letzteren erwarten darf. — Trifft die rechtzeitig abgesandte Annahme erst nach diesem Zeitpunkte ein, so besteht der Vertrag nicht, wenn der Antragende in der Zwischenzeit, oder ohne Verzug nach dem Eintreffen der Annahme von seinem Rücktritte Nachricht gegeben hat [1]).

Speziellere Anordnungen finden sich im preussischen Landrechte[2]), im österreichischen allgemeinen bürgerlichen Gesetzbuche[3]) und im württembergischen Handels-Gesetzbuche[4]); aber dieselben wurden offenbar für briefliche und nicht für telegrafische Korrespondenzen aufgenommen. Will man per analogiam dieselben Grundsätze auch auf die telegrafischen Korrespondenzen anwenden; so könnte man, die grössere Schnelligkeit des Kommunikations-Mittels berücksichtigend, den allgemeinen Grundsatz aufstellen, dass die Annahme binnen 24 Stunden nach Zustellung der den Antrag enthaltenden Depesche erfolgen müsse, da es trotz der ausserordentlich schnellen Beförderung der Worte durch den Telegrafen, und der Möglichkeit, von denselben bei jeder Tageszeit

---

Wenn der Antragende aber die nicht rechtzeitig geschehene Annahme genehmigt, so ist der Vertrag perfect, gerade, als ob die Annahme rechtzeitig erfolgt wäre; und es ist hier noch zu bemerken, dass das Schweigen des Antragenden schon an und für sich als genügendes Zeichen seiner Genehmigung der verspäteten Annahme anzusehen wäre. (Siehe Scheuerl a. a. O.)

[1]) Art. 319; entspricht dem Art. 239 § 2 des preussischen Entwurfes.
[2]) Erster Theil, V. Titel, §§. 80—106.
[3]) §. 862 lautet wie folgt: „Wenn zur Annahme eines Versprechens kein Zeitraum bedungen worden ist, so muss ein mündliches Versprechen ohne Verzug angenommen werden. Bei dem schriftlichen kommt es darauf an, ob beide Theile sich an demselben Orte befinden oder nicht. Im ersteren Falle muss die Annahme in vierundzwanzig Stunden, im zweiten aber innerhalb jenes Zeitraumes, welcher zur zweimaligen Beantwortung nöthig ist, erfolgen, dem versprechenden Theile bekannt gemacht werden; widrigenfalls ist das Versprechen erloschen. Vor Ablauf des festgesetzten Zeitraumes kann das Versprechen nicht zurückgenommen werden."
[4]) Art. 287, mit den Bestimmungen des österr. Gesetzbuches übereinstimmend.

Gebrauch zu machen¹), gar nicht gerechtfertigt wäre, für den Abschluss eines Vertrages unter Abwesenden eine kürzere Zeit festzusetzen, als denjenigen Kontrahenten eingeräumt wird, welche an demselben Orte wohnen²). Uebrigens meine ich, soll man bei ähnlichen Fragen dem vorsichtigen Ermessen des Richters einen gewissen Spielraum lassen, da man durch kein Gesetz allen Eventualitäten zu begegnen im Stande ist.

II. **Der Widerruf.** Es ist ein unbestrittener Grundsatz, dass der Antragende seinen Antrag vor dessen Annahme zurückziehen kann. Ein Zweifel könnte nur darüber entstehen, ob ein Widerruf nur dann vorhanden, wenn die Willens-Aenderung dem anderen Theile bekannt geworden ist, oder ob es genüge, dass der Antragsteller den Brief mit dem Widerrufe auf die Post gegeben, oder als Depesche im Telegrafenamte hinterlegt hat.

Ich glaube, dass insolange, als der annehmende Theil die Aenderung des Willens des Antragenden nicht kennt, er noch vollkommen rechtswirksam den Antrag annehmen kann, immer vorausgesetzt, dass die Erklärung hierüber rechtzeitig abgegeben werde.

Man könnte hier einwenden, dass wenn der Annehmende in dem unterdessen geänderten Antrage zugestimmt hat, die beiden Willen nicht mehr einander entsprechen, weil der Antrag nicht mehr besteht; und da die gleichzeitige Einigung zweier Willen fehlt, so besteht auch kein Vertrag.

Ich gebe zwar das Scharfsinnige dieser Ansicht zu, glaube jedoch, dass es, wenn man nicht jede Möglichkeit eines Vertrags-Abschlusses unter Abwesenden ausschliessen will, nothwendig sei, die Fiktion aufzustellen, dass der ordentlich ausgesprochene Wille so lange rechtsgültig fortbesteht, bis er ordentlich widerrufen wird³). Wenn wir Alles auf's Aeusserste treiben wollen und verlangen, dass der Wille des Antragstellers im Augenblicke der Annahme nicht nur rechtlich, sondern wirklich bestehe; so zerstören wir die Möglichkeit eines Vertrags-Abschlusses unter Abwesenden, da kein Telegraf uns Sicherheit über den Willen eines Abwesenden **in jedem Augenblicke** verschaffen kann.

Selbst Professor Scheuerl, welcher bei dieser Frage eine andere Ansicht als die unsere vertritt, gibt zu, dass mit der Willens-Aenderung bei dem Antragenden für sich allein der Vertrags-Abshluss nicht verhindert werden kann. Ich gehe aber noch weiter und sage, dass der

---

¹) In unserem Königreiche sind die Telegrafen-Aemter erster Klasse Tag und Nacht ohne Unterbrechung offen. Jene zweiter Klasse sind: von 1. April bis Ende September von 7 Uhr Morgens bis 9 Uhr Abends, vom 1. Oktober bis Ende März von 8 Uhr Morgens bis 6 Uhr Abends offen. Jene dritter Klasse sind von 9 bis 12 Uhr Vormittags mit Ausnahme der Sonntage, an welchen der Dienst nur von 2 bis 5 Uhr Nachmittags dauert, offen. (Siehe Reglement Art. 2.)

²) Was oben gesagt wird, stützt sich auch auf Folgendes: Es ist nicht gewiss, ob das Amt der Ankunfts-Station das die Erklärung der Annahme enthaltende Telegramm sogleich zustellen lassen kann; es ist nicht gewiss, ob der Telegrafendraht frei ist u. s. f. Siehe auch Reyscher und Stubenrauch a. a. O.

³) Scheuerl a. a. O.

in dem Antrage ausgesprochene Wille als der **gegenwärtige** insolange angesehen werden muss, bis der Antragende denselben nicht förmlich widerrufen, das heisst: so lange, bis der andere von der Willens-Aenderung nicht Kenntniss erhalten hat. Und wirklich, wenn der Antrag, bevor ihn der Oblat kennt, keine rechtliche Wirkung hat, so wird auch der Widerruf so lange als nicht vorhanden angesehen, bis jener davon verständigt ist. Diese meines Erachtens in der Natur der Sache begründete Ansicht findet eine indirecte Stütze auch in den Quellen. Die Lex. 12. § 16 Dig. mandati bestimmt, dass das Mandat erlischt, **finita voluntate mandatoris**; aber Lex. 15 daselbst fügt noch hinzu, dass es zu dem Ende nicht genügt, dem Machthaber geschrieben zu haben, sondern dass die Kenntnissnahme des Willens des Mandanten von Seite des Mandatars hierzu nöthig sei. „**Si mandassem tibi, ut fundum emeres, postea scripsissem, ne emeres, tu, antequam scias me vetuisse, emisses, mandati tibi obligatus ero**[1]).“

III. Der Tod des Antragstellers.

Wenn der Proponent vor der Annahme des Antrages, den er für sich und nicht im Namen einer Firma gemacht hat, stirbt, so bringt die später erfolgte Annahme keine wahre Willens-Einigung hervor, da man hier den fortdauernden Willen des Antragenden nicht voraussetzen kann. Man könnte vielleicht entgegnen, dass die Erben den Verstorbenen darstellen und dass die Annahme eines von dem Erblasser gemachten Antrages einen Vertrag zwischen dem Annehmenden und den Erben bilde; aber diese Einwendung ist nicht stichhältig.

Die Erben treten wohl in alle Rechte des Verstorbenen ein und erwerben dessen, als ein ideales Ganze angesehenes Vermögen, indem sie an seine Stelle als Gläubiger und Schuldner eintreten; aber ein noch nicht angenommener Antrag bildet weder eine Activ-, noch eine Passivpost: ein Antrag ist an und für sich keine, auf die Erben übertragbare Obligatio [2]).

---

[1]) Ganz gleiche Bestimmungen finden sich bei den L. L. 26 pr. und 34. §. 1 daselbst, und §. 10 der Institutionen de mandato III. 26.

[2]) Im Leben geschieht es fast immer, dass, wenn der Antrag angenommen wird, ohne dass der Annehmende von dem Tode des Antragenden wusste, die Erben den Antrag des Verstorbenen als einen eigenen ansehen. Dies zerstört unsern Grundsatz durchaus nicht, sondern beweiset nur, dass der Vertrag durch stillschweigendes Uebereinkommen unter den Betheiligten abgeschlossen wird, aber nicht, dass die Erben dazu rechtlich verpflichtet seien. (L. 2, §. 6 de donat. L; 41 de reb. cred.). Die Römer machten jedoch aus Billigkeits-Rücksichten eine Ausnahme für den Fall, dass jemand den Auftrag ertheilte, eine bestimmte Summe zu bezahlen, und der Mandatar nichts von dem Tode des Mandanten wissend, gezahlt hat. (L. 19, §. 3 de donat.). Diese auf Billigkeit gestützte Ausnahme ist vollkommen gerechtfertigt. Meines Erachtens könnte man einen Schritt weiter gehen und den Satz aufstellen: jedesmal, wenn der Oblat ohne Kenntniss vom Tode des Antragenden ganz oder theilweise das erfüllt, was man von ihm verlangt hat, erwirbt er gegen die Erben des Antragenden ein **Klagsrecht**.

IV. Der immerwährende Verlust der Handlungsfähigkeit.

Wenn der Antragende die Handlungs-Fähigkeit vor der Annahme des Antrages verliert, oder in seiner Dispositions-Fähigkeit derart eingeschränkt wird, dass er den fraglichen Vertrag nicht mehr abschliessen kann; so kann natürlich eine spätere Einwilligung einen gültigen Vertrag nicht mehr herstellen, wenn nicht, was selbstverständlich ist, in der Zwischenzeit das Hinderniss auf Seite des Antragenden wieder weggefallen wäre.

§. 23. Unsere Bemerkungen noch einmal kurz zusammenfassend, kommen wir zu folgenden Schusssätzen:

a) Ein Vertrag unter Abwesenden kommt durch die Annahme von Seite des Oblaten zu Stande.

b) Wenn die stillschweigende Erklärung der Einwilligung genügt, so wird der Vertrag durch jenen Act, aus welchem die Einwilligung zu entnehmen ist, perfect.

c) Wo eine ausdrückliche Erklärung nothwendig ist, muss diese an den Antragenden selbst gerichtet werden; doch genügt es, wenn der Annehmende Alles vorgekehrt hat, was nöthig ist, damit dieselbe dem Antragenden zukomme.

d) Der Antrag verliert seinen rechtlichen Bestand dem andern Theile gegenüber, wenn in der Zeit zwischen Antragstellung und Annahme einer der nachstehenden Fälle eintritt:

1. Ablauf des für den Fortbestand des Antrages ausdrücklich oder stillschweigend bestimmten Termines;
2. Ein dem andern Theile ordentlich kundgegebener Widerruf;
3. Tod des Antragstellers; und endlich
4. Verlust der zum Abschlusse des bestimmten Vertrages nöthigen Handlungsfähigkeit [1]).

§. 24. Aus den von uns bis jetzt entwickelten Grundsätzen würde eigentlich mit logischer Nothwendigkeit folgen, dass der Annehmende seine Annahme niemals widerrufen könne, da es nicht in der Macht der Vertragschliessenden liegt, einseitig von einem Vertrage zurückzutreten. Dieser Grundsatz könnte jedoch trotzdem, dass er im strengen Rechte begründet ist, zu solchen Schlüssen führen, die mit der natürlichen Billigkeit im Widerspruche sind.

Setzen wir den Fall, Cajus in Livorno telegrafirt einen Antrag an Titius in Genua und bestimmt eine Frist von zwei Tagen zur Annahme desselben. Titius nimmt den Antrag sogleich an, und gibt davon durch einen Brief Nachricht — bereut aber bald darauf seine Erklärung und widerruft durch den Telegrafen die Annahme. Kann nun Cajus, sich auf die oben entwickelten Grundsätze stützend, die Erfüllung des Vertrages verlangen oder gilt nicht vielmehr die vor der Annahme eingetroffene spätere Erklärung?

Auf den ersten Blick könnte es absurd erscheinen, dieser Annahme eine stärkere Kraft als dem Widerrufe, der ihr zuvorgekommen

---

[1]) Siehe auch Scheuerl Seite 259 und 269.

war, beizulegen; in der Wirklichkeit stellt sich aber die Sache, wie folgt:

In den meisten Fällen liegt es dem Antragenden besonders nur daran, innerhalb der zur Annahme bestimmten Zeit ein entschiedenes Ja oder Nein zu erfahren; und es ist ihm gleichgültig, dass der andere Theil in der Zwischenzeit zwischen den Ja und dem Nein schwankte. Deshalb ist es nicht so sonderbar, dass sich die Handelsleute untereinander zugestehen, die Annahme auf die oberwähnte Weise zurückzuziehen.

Ich glaube, dass selbst wenn eine ausdrückliche Bestimmung des Gesetzes dem Annehmenden diese Befugniss abspräche, die Kaufleute das Gleiche thun würden. Wenn aber der Antragende in der Lage wäre, zu beweisen, dass durch seine Zustimmung zu dem Widerrufe ihm daraus ein bedeutender Schaden erwachsen müsste: wer wollte wohl in diesem Falle ohne besondere gesetzliche Bestimmung den Grundsatz rechtfertigen, dass der Antragende den für ihn so unheilbringenden Widerruf ruhig hinnehmen solle?

Der Antragende hat den Willen, sich zu verpflichten, ausgedrückt: der Antrag wurde angenommen und somit ist der Vertrag vorhanden. Der Oblat hat sich durch seine Annahme dem Antragenden gegenüber verpflichtet und dieser hat *gegen* ihn Rechte erworben. Der Annehmende kann also nicht nach Willkür das Rechtsverhältniss lösen und gegen das Interesse des Antragenden handeln: denn er würde ja gegen das Gesetz verstossen.

Wenn aber auch das angeführte Princip aus den Rechtsgrundsätzen mit logischer Nothwendigkeit folgt; so kann ich doch nicht läugnen, dass die Anwendung desselben das natürliche Billigkeits-Gefühl verletzen muss. De lege ferenda würde ich es also für angezeigt halten, wenn der Gesetzgeber die nachstehende Bestimmung juris singularis annehmen wollte. „Die Annahme wird als nicht erfolgt angesehen, wenn der Widerruf derselben dem Antragenden vor oder gleichzeitig mit der Annahme zugekommen ist" [1]).

Es ist wahr, dass durch diese Fiction unser Princip verletzt wird, und dass dem Oblaten dadurch das Mittel gegeben wird, dem Antragenden einen aus der Annahme des Vertrages für ihn entspringenden vielleicht grossen Vortheil zu entziehen; wenn aber dies durch ein besonderes Gesetz bestimmt wäre, so wüsste auch der Antragende, dass die Annahme allein ihm kein unwiderrufliches Recht auf jene Vortheile verschafft. Auf diese Art könnten die verschiedenen Ansichten

---

[1]) Mit den hier entwickelten Grundsätzen stimmen die Normen des Entwurfes des deutschen H. G. B. Art. 320 al. 2 überein, welche lauten: Die Annahme ist nicht für geschehen zu erachten, wenn der Widerruf noch vor der Erklärung der Annahme oder zu gleicher Zeit mit derselben bei dem Antragsteller eingegangen ist. Gleichlautend ist der Art. 237 Al. 2 des preussischen Entwurfes des H. G. B.

der Schriftsteller in Uebereinstimmung gebracht und die Ungewissheiten in der gerichtlichen Praxis behoben werden[1]).

VI.
Juristisches Wesen des Telegrammes und dessen Beweiskraft.

§. 25. Ueber das juristische Wesen des Telegrammes wurden verschiedene Meinungen geäussert, welche wir prüfen müssen.

Einige halten dafür, das Telegramm sei als ein von dem Aufgeber der Depesche geschriebener und unterschriebener Brief anzusehen; denn sonst, sagen sie, könnte derjenige, der eine Depesche absendet, niemals sicher sein, bei dem Adressanten den Zweck zu erreichen um dessen Willen er den Telegrafen benützte.

„Wäre im Telegramme," sagt Professor Fuchs — „nichts weiter als eine unbeglaubigte Abschrift der Original-Urkunde zu erblicken; könnte der Empfänger im Telegramme eine Willens-Erklärung des Absenders nur unter der Bedingung finden, dass es auch wirklich diese Willens-Erklärung getreu enthalte, so würden sich sicher nur wenige finden, welche auf ein solches Risico hin, auf ein telegrafisch angetragenes Rechtsgeschäft einzugehen, geneigt wären. Der Telegraf würde für den Rechts-Verkehr fast nutzlos werden und im Privatverkehr zu wenig mehr, als Geburtstagsgratulationen und dergleichen rechtlich unschuldigen Expectorationen in Thätigkeit gesetzt werden [2]).

Diese Ansicht ist auch jene des Prof. Stubenrauch, welcher nachstehende Worte des bezeichneten Schrifstellers billigt und wiedergibt:

„Könnte der Absender ein eigenhändiges Schreiben den Raum zwischen der Aufgabe- bis zur Ankunfts-Station mit derselben Geschwindigkeit zurücklegen lassen, mit der ihn der elektrische Strom durcheilt, so würde er ohne Zweifel diese Beförderung, der Benützung des Telegrafen vorziehen; da er aber dies nicht vermag so muss er . . . . sich der technischen Manipulation unterwerfen, mittelst welcher sein eigenhändiges Schreiben übertragen wird;" und sagt gleich darauf: „die so ausgefertigte Depesche . . . . will er von dem andern Contrahenten, wie sein eigenhändiges Schreiben, als ein

---

[1]) Es genügt auf die Verzeichnisse der Iudicate in Frankreich und Italien einen Blick zu werfen, um sich von der Nothwendigkeit zu überzeugen, diese Zweifel durch ausdrückliche und bestimmte Gesetze, welche nach den Grundsätzen der Billigkeit und nach den Anforderungen des Handelsverkehres abgefasst sind, zu entscheiden; unsere Gesetzes Compilatoren ziehen es aber leider vor, blindlings die franz. Gesetze zu copiren, ohne zu bedenken, dass sie hiedurch der Codification den einzigen Vortheil, den sie bietet, nämlich die Rechtsunsicherheit zu beseitigen und die Zahl der Streitfragen zu vermindern, entziehen.

[2]) Siehe den bezeichneten Aufsatz Seite 4.

Surrogat desselben betrachtet wissen. Nur unter dieser Voraussetzung darf er darauf rechnen, den Zweck des Telegrafirens dem Empfänger gegenüber zu erreichen" [1]). — Aus diesem von ihm aufgestellten Grundsatze folgert Herr Fuchs, als logische Nothwendigkeit, dass wenn über den wahren Inhalt und Sinn einer Willenserklärung Streit entsteht, der directe Beweis darüber nur durch die dem Adressaten zugestellte Depesche geliefert werden kann. Stubenrauch nimmt den Grundsatz als richtig an, billigt jedoch nicht alle daraus entspringenden Folgen [2]).

Andere Schriftsteller, welche mit den obbenannten nicht übereinstimmen, und das Telegramm auch nicht für eine Original-Urkunde ansehen, schreiben demselben doch die Eigenschaften einer beglaubigten Abschrift zu, welche wider den Absender gerade wie die Orginal-Urkunde vollen Beweis macht.

§. 26. Ich kann weder der einen, noch der andern der obbezeichneten Ansichten beitreten. Das Telegramm ist nicht nur keine Original-Urkunde, sondern nicht einmal eine Abschrift derselben, geschweige denn eine beglaubigte Abschrift.

Es ist keine Original-Urkunde, denn es fehlt die Unterschrift des Aufgebers; keine Abschrift derselben, weil alle Merkmale einer solchen fehlen, und weil die Beamten der Zwischen- und Ankunftstationen die Original-Depesche nicht einmal gesehen haben.

Was ist also das Telegramm? Nichts mehr und nichts weniger als eine vom Beamten der Ankunfts-Station geschriebene einfache Aufzeichnung dessen, was ihm von dem Telegrafenbeamten einer andern Station mitgetheilt worden ist; mit andern Worten, das Telegramm ist wohl eine Abschrift, aber nicht des Originals, sondern der durch den Telegrafenapparat hervorgebrachten und von dem Beamten entzifferten Zeichen.

Die Richtigkeit dieser Behauptung erhellt aus der Natur der von uns im §. 7 beschriebenen Manipulation, und wird noch klarer durch das, was in der Folge auseinander gesetzt wird, erwiesen.

§. 27. Prüfen wir vor allem die Gründe derer, welche dem Telegramme die Eigenschaft einer Original-Urkunde zuschreiben. Nach der Ansicht von Fuchs besteht zwischen den im Telegrafenamte hinterlegtem Concepte und den dem Adressaten zugestellten Telegramme jenes Verhältniss, wie zwischen dem dem Buchdrucker übergebenen Manuscripte und dem gedruckten Werke.

Das Concept, sagt er, hat gar keine Bedeutung, gerade wie das Concept eines Briefes keine hat. Die aufgegebene Urkunde enthält nur das, was der Absender hat sagen wollen, die Depesche aber das, was

---

[1]) Siehe den Seite 5 bezeichneten Aufsatz.
[2]) Stubenrauch nimmt z. B. an, dass keine Einwilligung dann vorhanden sei, wenn die Depesche in einem Hauptpunkte mit dem Concepte nicht übereinstimme. — Ich stimme dieser Ansicht vollkommen bei, aber sie widerspricht offenbar den von Fuchs aufgestellten und von Stubenrauch angenommenen Grundsätzen. Um sich consequent zu bleiben, hätte Stubenrauch die ganze Theorie von Fuchs verwerfen sollen.

er gesagt hat. Es ist auf den Inhalt des Telegramms, nicht auf den des Conceptes zu sehen [1]).

An einer andern Stelle gibt er dieselbe Ansicht mit andern Worten wieder; er sagt, dass es unrichtig wäre, das Telegramm nach der Art und Weise seines Zustandekommens beurtheilen zu wollen; man müsse es so betrachten, wie es dem Adressaten zugestellt wird, denn das Telegrafenamt sei nichts als ein Organ, ein Werkzeug des Absenders, und demnach das Telegramm selbst nur ein in seinem Namen geschriebener Brief, welchen er jedenfalls als Autograf angesehen haben will [2]).

§. 28. Es fällt nicht schwer, das Irrige dieser Ansicht nachzuweisen. Wenn auch das Telegramm vom Diener des Telegrafenamtes in Briefform, mit der Unterschrift des Absenders versehen, zugestellt wird, so ist es doch kein Brief, sondern nur ein einfaches schriftliches und nicht eidliches Zeugniss des Telegrafenbeamten. Da das Telegramm ein von einer dritten Person herrührendes Schreiben ist, so kann es auch keinen Beweis wider den Verfasser des Conceptes machen, da aus jenem höchstens das entnommen werden kann, was der Telegrafenbeamte der Aufgabs-Station als Inhalt einer Original-Urkunde angegeben hat. Es kann aber der Telegrafenbeamte entweder aus Nachlässigkeit oder aus andern Gründen unrichtig telegrafirt haben; und obwohl die gesetzliche Vermuthung dafür spricht, dass er sein Amt ordentlich zu versehen wisse und auch wirklich versehe, so gibt es doch keine gesetzliche Vermuthung für die Echtheit der Ueberlieferung [3]). Der Telegrafenbeamte ist freilich nach den Dienstvorschriften verpflichtet, sich die zu befördernde Depesche in schriftlicher Form zu verschaffen; dies ist für seine Sicherheit und Rechtfertigung ganz gut, hat aber nichts mit unserer Frage zu thun, da er sich weder von der Echtheit der Schrift noch von der Identität der Personen überzeugen kann, und es andererseits auch noch nicht gewiss ist, ob er nicht entweder beim Lesen der Schrift oder bei der Beförderung der Depesche irgend einen Fehler begangen hat [4]).

Wenn wir aber auch voraussetzen, der Beamte der Abgangsstation habe die Depesche richtig und getreu befördert, so ist es noch immer nicht erwiesen, dass die Beamten der Zwischenstationen keinen Fehler begangen haben [5]).

Wie immer die Sachen auch stehen, der Beamte der Auskunfts-Station sieht nicht nur keine Original-Urkunde, sondern er erfährt deren Inhalt nur durch die Beamten der früheren Stationen, und da er nicht in der Lage ist, die ihm mitgetheilten Worte mit jenen der Original-Urkunde zu vergleichen und er sie nicht auslegen, sondern nur entziffern kann und darf, so ist das von ihm dem Amtsdiener und von diesem dem Adressaten übermittelte Telegramm zur Norm und Richt-

---
[1]) A. a, O. Seite 97. Siehe die vorige Note.
[2]) Dasselbe sagt Stubenrauch, welcher aber, wie wir in einer frühern Note bemerkt haben, sich nicht consequent bleibt.
[3]) Bosellini a. a. O.
[4]) Bosellini, Busch, Mittermayer und Panattoni a. a. O.
[5]) Bosellini, Busch, Mittermayer und Panattoni a. a. O.

schnur, behufs Feststellung und Auslegung des in dem Concepte ausgedrückten Willens des Absenders, nicht geeignet [1]).

§. 29. Es ist also nachgewiesen, dass das Telegramm Nichts als ein nicht eidliches Zeugniss über das ist, was der Beamte der Ankunfts-Station von dem Telegrafisten einer früheren mitgetheilt erhalten zu haben bestätiget. Diese Bescheinigung des Telegrafenbeamten sichert aber noch nicht, dass er die Zeichen richtig entziffert, und die entzifferten Worte richtig aufgezeichnet habe. Sollte über diesen Punct ein Streit entstehen, so wird man den Beweis durch Sachverständige, welche das zugestellte Telegramm mit den Papierstreifen vergleichen, liefern können; und wenn dieser Kunstbefund nicht mehr möglich sein sollte, so wird es vollkommen genügen das Telegramm der bei der Aufgabsstation erliegenden Original-Depesche entgegenzuhalten; denn wenn der Inhalt beider Schriftstücke übereinstimmt, so ist ein unbestreitbarer Beweis über die Richtigkeit des Telegramms hergestellt. Und wenn auch das Telegramm nur ein einfaches Zeugniss ist, so kann man für diesen Fall wirklich nicht leugnen, dass dasselbe vollen Beweis mache; denn, wenn durch Einsichtnahme der Original-Depesche der Inhalt des Telegrammes nachgewiesen ist, so ist für den Fall der vollständigen Uebereinstimmung die Genauigkeit der Mittheilung festgestellt [2]). Denn wenn das Telegramm mit dem Concepte nicht vollkommen gleichlautend wäre, so müsste man nothwendig daraus den Schluss ziehen, dass entweder der eine oder der andere der Telegrafenbeamten die Willensäusserung des Aufgebers nicht genau wiedergegeben haben, und es hätte auch das Zeugniss des Beamten hier keinen Werth, denn wenn es auch nachgewiesen wäre, dass er die ihm mitgetheilten Worte genau entziffert und abgeschrieben hat, so bleibt es doch immer wahr, dass der Wille des Aufgebers nicht getreu wiedergegeben worden ist [3]). Ob diese Unrichtigkeit aus Nachlässigkeit des Telegrafisten oder aus andern Gründen entspringe, ist für unsere Frage ganz gleichgültig.

§. 30. Nach dem bisher Gesagten erscheint die Ansicht derjenigen, welche das Telegramm als eine öffentliche Urkunde ansehen, ebenfalls widerlegt.

Die Wichtigkeit des Gegenstandes erfordert es aber, dass wir noch einiges darüber sagen.

Die Telegrafenbeamten sind öffentliche Beamte — hat man gesagt — mithin sind die von ihnen ausgefertigten Documente öffentliche Urkunden. — Dass dieser Schluss ein unrichtiger sei, erhellt auch schon einfach aus der Betrachtung, dass die Eigenschaft als öffentlicher Beamter für sich allein zur Ausstellung von öffentlichen Urkunden noch nicht berechtigt. Allgemeine Glaubwürdigkeit, ist den Aeusserungen der Justizorgane, der Notare, aber nicht aller Beamten zugestanden [4]). Man kann mir einwenden, dass wenn man einem Telegramme so viel Glau-

---

[1]) Siehe hierüber die schönen Bemerkungen des Professor Busch a. a. O.
[2]) Bosollini, Busch, Panattoni a. a. O.
[3]) Siehe die Bemerkungen des Prof. Busch.
[4]) Mittermayer und Reyscher a. a. O.

ben schenkt, dass wegen eines solchen, Flotten und Heere in Bewegung gesetzt, hohe Summen Geldes in Verkehr gebracht und Befehle ertheilt werden, welche Länder und Reiche in die traurigsten Lagen versetzen können, auch kein Grund vorhanden sei, dass das Gesetz demselben jede Glaubwürdigkeit versagen solle.

Diese Betrachtung, bemerkt der gelehrte Bosellini, beweist aber gar nichts. Es hat in der wirthschaftlichen und praktischen Auffassung der Menschen seinen Grund, dass sich dieses Mittel schleuniger Mittheilung so viel Vertrauen erworben hat, dass ihm die Regierungen vollen Glauben schenken, und der Kaufmann ihm sein ganzes Vermögen anvertraut; aber der Jurist muss den Telegrafen von einem ganz anderen Gesichtspuncte aus betrachten; die Justiz kann nur an das glauben, was jeden vernünftigen Zweifel ausschliesst.

Wenn es sich darum handelt, den Willen zu bestimmen, können die Kaufleute, die Privatpersonen, die Regierungen auch dem Zeugnisse eines Einzigen glauben; aber die Jurisprudenz verlangt, dass die Ueberzeugung hervorgebracht werde, dass es in einem bestimmten Falle **nicht anders sein könne**. Wir haben bei dem Telegrafen einen öffentlichen Beamten, welcher die Aeusserungen eines Andern übernimmt und auf eine nur ihm verständliche Weise schreibt; wir haben einen öffentlichen Beamten, welcher dem Glauben beimisst, was er nach seinen Dienstvorschriften zu befördern verpflichtet ist; aber man wird ihm nicht den Charakter unbestreitbarer Glaubwürdigkeit zuschreiben können, da ja die Gewissheit nicht vorhanden ist, dass er die Botschaft eher von der einen als von der andern Person erhalten, sie wohl verstanden und befördert habe[1]).

In einem gewissen Rechtsstreite wurde der Telegraf mit einem Notar verglichen, welcher eine Erklärung der Parteien aufsetzt; wie aber Bosellini und Mittermaier bewiesen haben, ist dieser Vergleich nicht richtig. Der Notar übt sein Amt in Gegenwart der von ihm bekannten Parteien und vor Zeugen aus, seine Amtshandlung ist offenkundig und der Aufsicht der Parteien und dritter unbetheiligter Personen unterworfen. Der Telegrafist befindet sich aber in einer ganz andern Stellung: es stellt sich ihm eine Person vor, welche die Beförderung einer Depesche an einen Abwesenden verlangt; es ist gleichgültig, ob der Aussteller der Depesche oder ein Anderer für ihn kommt, da er das Concept der Depesche auch durch einen Dritten schicken kann[2]). Wie jedermann einsieht, handelt der Telegrafist nicht Angesichts

---

[1]) Bosellini a. a. O.
[2]) Unser Reglement und ebenso die Dienstvorschriften anderer Staaten, z. B. Frankreichs, bestimmen, dass eine dem Beamten unbekannte Person einen Pass, oder einen Brief, oder irgend ein anderes Document vorweisen müsse, um die Persons-Identität sicherzustellen, oder dass die Unterschrift des Aufgebers durch ein Amt beglaubigt sein solle. Wenn diese Vorsichtsmassregeln, welche wir unten noch besprechen, auch genau beobachtet würden (was ich bezweifle), und wenn man auch die Möglichkeit ausschliessen wollte, dass jemand einen falschen Pass oder eine falsche Legitimations-Urkunde vorweise, oder auf andere Weise den Telegrafenbeamten in Irrthum führe (welche Möglichkeit ich übrigens **nicht ausschliesse**),

der Parteien; Niemand überwacht ihn, Niemand controlirt sein Wirken, denn er allein kennt sein Alfabet und die telegrafischen Zeichen; er könnte nach seinem Willen jede beliebige Nachricht signalisiren, ohne dass man irgend eine Sicherheit auch nur darüber hätte, ob der Aufgeber verstanden wurde, oder ob der Beamte der Ankunftsstation die Zeichen wohl begriffen, und dem Adressaten die Depesche, wie er sie mitgetheilt erhielt, übermittelt hat [1]). Es kann sich auch fügen, dass die Depesche schlecht abgeschrieben, oder, besonders wenn sie chiffrirt war, missverstanden worden sei. Man kann demnach den Schluss ziehen, dass das Telegramm, wenn man ihm auch die Eigenschaften eines Documentes zuschreiben will, niemals als eine öffentliche Urkunde angesehen werden kann [2]).

„Die Regierungen, sagt Panattoni, können in dieser Richtung noch viele Verbesserungen einführen, es wird aber schwerlich so weit kommen, dass sie den Telegrafenämtern öffentliche und unbedingte Glaubwürdigkeit zusprechen." Meines Erachtens wäre es nicht nur schwer und jedem Rechtsgrundsatze widerstrebend, den Telegrammen eine unbestreitbare Authenticität zuzuschreiben, sondern es käme auch, wie wir weiter unten beweisen werden, zu ungerechten und sogar absurden Folgen; ja es wäre dies sogar unausführbar, wenn nicht, was selbstverständlich ist, neuere Erfindungen die Beförderung des Original-Schreibens möglich machen sollten [3]). Der gelehrte Panattoni glaubt, dass wenn dem Telegrafenbeamten allgemein Glaubwürdigkeit zugesprochen würde, die Schwierigkeiten, welche das mechanische Medium bietet, fast gänzlich verschwinden würden, weil, wie er sagt, die Vervollkommnung der Telegrafen dieselben in Bezug auf ihre Genauigkeit dem Wort und der Schrift gleichstellt; so dass dann der Telegrafist gerade in der Stellung wäre, wie der Sensal, der Einwilligungen zur Kenntniss nimmt, wie der Notar, welcher Proteste levirt, wie der Gerichtsdiener, welcher Meldungen macht. Es liegt viel Wahres in diesen Worten, ich kann es nicht läugnen, aber man muss sehr vorsichtig sein, sie in ihrem ganzen Umfange mit allen ihren möglichen Folgen hinzunehmen.

Ich glaube nicht zu irren, wenn ich sage, dass selbst Panattoni uns mit dem Wörtchen fast aufmerksam machen wollte, dass wir seine Worte nicht ganz ad literam nehmen sollten.

Der Vergleich mit dem Sensalen — mit Vorbehalt des im nächsten Kapitel Gesagten — missfällt mir nicht ganz; wenn wir aber auch

---

so ist es noch immer möglich dass der Aussteller der Depesche diese durch einen Dritten überbringen lasse, und es ist somit das oben Gesagte richtig, dass die Gegenwart des Ausstellers nicht unbedingt nöthig sei. (Seinerzeit werde ich jene Vorschläge machen, welche mir die zweckmässigsten zur Hintanhaltung von Ueberlistung und Betrug scheinen.)

[1]) Bosellini und Mittermaier a. a. O.
[2]) Mittermaier, Reyscher, Busch a. a. O.
[3]) Wir kommen später auf diese sogenannten Autografischen Telegrafen zurück, auf welche man offenbar nicht alle jene Grundsätze anwenden kann, welche für die jetzt im Gebrauch stehenden Telegrafen gelten.

alle übrigen Unterschiede, welche zwischen Sensalen und Telegrafisten bestehen, übersehen wollten, so kann man doch nicht vergessen, dass der Sensal die Parteien selbst gehört hat, und über das, was von den Vertragschliessenden ihm direct erklärt wird, Zeugenschaft ablegen kann, während der Telegrafenbeamte der Ankunftsstation die Mittheilung von einem Dritten erhielt, und weder den Aufgeber noch dessen Depesche gesehen hat [1]).

Wenn die Regierung den Telegrafenbeamten auch volle Glaubwürdigkeit zugestände, was mir übrigens nicht zweckdienlich dünkt, so könnte trotzdem das Telegramm bei dem jetzigen Zustande der Telegrafen die Kraft eines Beweismittels wider den Aufgeber nicht erlangen, da es ja doch immer, wie wir oben gesagt haben, wahr bleibt, dass das Telegramm keine Abschrift des Originales, sondern höchstens nur eine Abschrift der durch den Apparat hervorgebrachten Zeichen ist; ich sage höchstens, denn es ist ja die Möglichkeit nicht ausgeschlossen, dass der Telegrafenbeamte das Telegramm auch ganz aus freien Stücken erfunden habe; die einem Telegrafenbeamten bewilligte öffentliche Glaubwürdigkeit kann nicht die Wirkung haben, dass der Urkunde eines Beamten mehr Glauben, als dem Original-Documente beigemessen werde.

§. 31. Schliesslich will ich noch das anführen, was der gelehrte Dr. Ambrosoli über diesen Gegenstand sagt, besonders da man in seinen Worten eine Stütze für die von uns angefochtene Ansicht finden könnte. Ich bringe hier den Wortlaut der Note, welche er seiner geschätzten Uebersetzung des Werkes von Mittermaier, „Theorie der Beweise im Kriminalprocesse," beisetzte: In dieser Frage sind wir der Ansicht, dass die Depesche wohl eine öffentliche Urkunde sei, welche aber nur die Thatsache beweiset, dass dem Telegrafenamte von der Station des Ortes der Aufgabe eine telegrafische Mittheilung zugekommen ist, deren Zeichen auf die Weise entziffert wurden, wie dies in der Mittheilung an den Adressaten geschehen ist. Ob aber das Amt der Aufgabsstation das mitgetheilt hat, was im Original-Concepte enthalten war; ob dieses von derjenigen Person herrühre, welche unterschrieben war; und endlich ob das darin Enthaltene wahr sei, das sind lauter Fragen, über welche die telegrafische Depesche keinen Beweis liefert [2]).

---

[1]) Der Sensal ist ein Zeuge, welcher mehr den Inhalt, als die Worte des an ihn gerichteten Gespräches bestätigen soll, während der Telegrafist das mit seinen Zeichen niederschreibt, was der Aufgeber mit gewöhnlicher Schrift schrieb; der Beamte der Zwischenstation befördert dem Nächsten und so fort bis zur Endstation die ihm von dem Telegrafisten der früheren Station mitgetheilten telegrafischen Zeichen, und zuletzt schreibt der Beamte der Endstation das ihm zugekommene Schreiben mit gewöhnlichen Lettern ab (Siehe oben Seite 31). Und oft wenn mit Chiffern, oder mit verborgenem Sinne, oder in einer conventionellen Ausdrucksweise geschrieben wird, kann der Telegrafist gar nicht den Sinn daraus entnehmen, während der Sensal diesen immer kennt.

[2]) Dieselben Worte werden von Stubenrauch a. a. O. wiederholt.

Es ist offenbar, dass Ambrosoli im Grunde mit uns einer Ansicht ist; der Unterschied liegt darin, dass er ein solches Schriftstück, eine öffentliche Urkunde nennt, dem er dann selbst die Wirkungen einer öffentlichen Urkunde abspricht. Denn das Telegramm beweiset, wie er selbst zugiebt, weder die Authenticität der Mittheilung noch die Richtigkeit der Uebermittlung, noch die Genauigkeit der Entzifferung. Wie kann man also sagen, dass es eine öffentliche Urkunde ist? Wir müssen freilich annehmen, dass die Telegrafenbeamten gewissenhaft ihr Amt gehandelt haben; diese ist aber eine ganz einfache Voraussetzung und keine gesetzliche Vermuthung. Setzen wir den Fall, Titius behauptet von Cajus den Auftrag erhalten zu haben, Waaren zu kaufen, während Cajus dies bestimmt widerspricht: Was wird Titius mit seinem Telegramm allein, vor Gericht erweisen können? Nichts mehr als dass der Beamte N. N. ihm ein Schreiben eines gewissen Inhalts übermittelt hat. Wenn Titius beweisen will, den Auftrag erhalten zu haben, so wird er sich gewiss nicht an den Beamten der Ankunftsstation wenden, da dieser weder von einem Concepte, noch von der Person, die es hinterlegte etwas weiss und höchstens nur das bezeugen kann, dass ihm jene das Telegramm bildenden Zeichen wirklich mitgetheilt worden sind: sondern er wird die Zeugenschaft des Telegrafisten der Aufgabsstation anrufen, weil nur dieser in der Lage ist, über das auszusagen, was er gesehen und gehört hat. Wenn nun das Concept wirklich dem Amte vorgelegt wurde und noch vorliegt, so wird man dieses selbst prüfen müssen, um den Willen des Absenders kennen zu lernen, um die Echtheit seiner Unterschrift zu constatiren, oder um zu sehen, ob ein Betrug vorliege u. s. f., kurz um sich zu versichern, ob das Telegramm die Willensäusserung des Aufgebers enthielt oder nicht. Das Telegramm genügt nicht einmal zur Nachweisung, dass überhaupt eine Depesche befördert worden sei, da, wie wir oben gesagt haben, das Telegramm im Grunde nur ein nicht eidliches Zeugniss ist: wir haben gar keinen Anhaltspunct dafür, dass der Telegrafenbeamte die Depesche überhaupt von einem Dritten erhalten hat. Man kann sagen, dass der Adressat, sich auf das Telegramm stützend, beweisen kann, nach Massgabe desselben gehandelt zu haben, und dass er gegen den Beamten, wenn dieser ihn getäuscht hätte, ein Klagerecht hat: wenn dies aber auch der Fall sein sollte, so ist es offenbar für den Adressaten nicht nöthig, dass man dem Telegramme die Eigenschaft einer öffentlichen Urkunde zuschreibt, da es dieselbe gewiss nicht hat. Ich wiederhole: Das Telegramm ist nichts als ein geschriebenes und nicht beschworenes Zeugniss über das, was der Telegrafenbeamte übermittelt erhalten zu haben bestätigt; ob diese Angabe wahr oder falsch sei, wird in streitigen Fällen durch Sachverständige oder durch andere Beweismittel erwiesen werden müssen.

§. 32. Nachdem die Ansicht derjenigen widerlegt worden ist, die das Telegramm als eine Original-Urkunde oder als eine authentische Abschrift ansehen, so folgt nun daraus mit logischer Nothwendigkeit, dass, wenn die Depesche in einem ihrer Hauptpunkte eine Veränderung erlitten hätte, wegen mangelnder Uebereinstimmung der Willen kein

Vertrag zu Stande kommen kann. Hier genügt diese Andeutung, an einem anderen Orte werden wir die Frage wieder berühren um diesen so wichtigen Grundsatz noch näher zu erörten [1]).

VII.
Natur des zwischen dem Absender und der Telegrafen-Verwaltung abgeschlossenen Vertrages.

§. 33. Bevor zwischen zwei Correspondenten durch den Telegrafen ein Rechtsverhältniss begründet werden kann, muss ein Vertrag zwischen dem Aufgeber und der Telegrafenverwaltung zu Stande kommen.

Die Prüfung der Natur dieses Vertrages ist wichtiger als es auf den ersten Blick scheint, da sie uns das Mittel geben muss um wenigstens zum Theile, die wichtigste aller möglichen Streitfragen, das ist jene über die unrichtige Mittheilung der Depeschen und deren Folgen, entscheiden zu können.

Der einfachste Weg um uns aus der Klemme zu ziehen, wäre der, den fraglichen Vertrag unter die Innominatverträge einzureihen; allein damit wird Nichts gewonnen, und es bliebe der heiklichste Theil der Frage ohne Lösung: Welcher Grad der Verantwortlichkeit trifft in diesem Falle die Telegrafenverwaltung. Man muss also darauf bedacht sein das fragliche Rechtsverhältniss genauer zu bezeichnen. Es ist offenbar, dass wir um zu diesem Ziele zu gelangen, kein anderes Mittel haben, als zur Analogie unsere Zuflucht zu nehmen; denn es ist ein unbestreitbarer Satz, dass wenn ein neues Rechtsinstitut noch durch keine besonderen Normen bezeichnet worden ist, dasselbe erst nach erfolgter Prüfung seines Zweckes und seiner Eigenschaften und Vergleichung mit andern bereits bekannten und ähnlichen Rechts-Instituten, nach Natur der der Sache und den allgemeinen Rechtsgrundsätzen juristisch definirt werden kann.

Welcher Gattung von Verträgen werden wir denjenigen einreihen, welchen der Aufgeber einer Depesche mit der Telegrafen-Verwaltung schliesst? wird er ein Mandat, oder ein dem Mandate ähnlicher, oder vielleicht eher ein Lohnvertrag sein?

Gerade das ist es, was wir in diesem Kapitel entscheiden wollen. —

§. 34. Betrachten wir vor Allem was Bosellini hierüber sagt. Sowie Worte, Zeichen und Schrift, so ist auch der Telegraf ein Mittel, Anderen unsere Gedanken mitzutheilen. Welchem dieser drei Mittel kann man ihn beizählen? Ich glaube, dass man dies, strenge genommen, bei keinem thun kann; in seinen Wirkungen vereinigt er Etwas von Allen und nähert sich dem einen oder dem anderen, je nach den Fällen.

---
[1]) Siehe achtes Kapitel, I. Unter-Abtheilung.

Vor Allem ist er der Zeichen-Sprache der Taubstummen ähnlich, weil der Gedanke von demjenigen, der ihn ausdrückt, auf Jenen, zu dessen Kenntniss er gelangen soll, nur durch eine Mittelperson, einen Dolmetsch, übergeht. Einer spricht, der Andere hört nicht, sondern liest, und zwischen beiden Personen ist ein Dritter, der den Apparat handhabt, und welcher fast als wie ein Mandatar des Einen, dem Andern schreibt.

Bosellini's Ansicht ist auch jene des Prof. Busch, wie aus folgenden Worten zu entnehmen ist: „**Die Telegrafenverwaltung, resp. deren Beamten, sind nuntii; den sie sollen den Willen eines Anderen, gerade so wie er lautet, weiter befördern; die ihnen schriftlich mitgetheilte Nachricht oder Willenserklärung dient ihnen lediglich zu ihrer Instruction und etwaigen Rechtfertigung bezüglich der getreuen Ausführung des erhaltenen Auftrages.**"

Nach einigen Bemerkungen schliesst er mit den Worten: „**Die Communication auf telegrafischem Wege geschieht daher per nuntium und darum müssen auf den telegrafischen Verkehr die Grundsätze vom Mandatscontracte angewendet werden.**"

Wie wir im vorigen Hauptstücke gesehen haben, vergleicht Panattoni den Telegrafisten mit einem Sensalen. Dies ist auch die Ansicht Mittermaier's, nach dem Sinne seiner Worte, wenn er erklärt, dass der Telegrafist, welcher eine Depesche schreibt, einem Sensalen ähnlich ist, welcher dem einen Theile den Willen des anderen zur Kenntniss bringt.

§. 35. Es ist nicht zu bestreiten: die bisher angeführten Ansichten der Schriftsteller enthalten viel Wahres.

Niemand wird behaupten wollen, dass der Telegrafist in vieler Beziehung einem Dolmetsch, einem Mandatar, einem Boten und einem Sensalen nicht ähnlich sei; da es sich aber darum handelt nicht sowohl die Art und Weise, den Zweck und die Wirkungen der telegrafischen Communicationen festzustellen, als das Verhältniss zwischen dem Aufgeber und der Telegrafenverwaltung, welche die Beförderung der Depesche gegen ein bestimmtes Entgelt übernimmt, zu bestimmen, so halte ich es für einleuchtend, dass dasselbe unter den generischen Begriff der Dienstleistung, einzureihen ist.

Bevor wir jene Gründe vorbringen, welche uns bewogen haben den fraglichen Vertrag als einen Lohnvertrag anzusehen, wird es angezeigt sein, die Motive vorzubringen, welche uns zurückhielten, denselben als Mandat, oder als dem Mandate ähnlich anzunehmen.

Das Mandat ist ein unentgeltlicher Vertrag, welcher höchstens ein Honorar, niemals einen Lohn zulässt [1]).

---

[1]) L. 1. § 4 mandeti (17. 1): „mandatum nisi gratuitum nullum est, nam originem ex officio atque amicitia trahit: contrarium ergo est officio merces, interveniente enim pecunia res ad locationem et conductionem potius respicit.
Siehe auch die L. 2 h. t. und §. 6 der Instit. de mandato.

Die Telegrafenverwaltung aber leistet ihre Arbeit nicht umsonst, im Gegentheil, sie lässt sich im vorhinein eine der Leistung entsprechende Gebühr auszahlen: es fehlt somit ein wesentliches Merkmal des Mandates.

Man kann dagegen einwenden, dass nach den modernen Rechtsgrundsätzen, die Unentgeltlichkeit nicht das Hauptmerkmal des Mandates bildet; wenn wir aber auch das zugeben wollen, so liegt es in der Natur des Vollmachtsvertrages, dass der Mandatar stets mehr oder weniger die Person des Mandanten vorstelle, und in seinem Namen handle [1]), was man von der Telegrafenverwaltung niemals sagen kann.

Es hinkt auch der Vergleich mit dem Sensalen, denn dieser stellt sich zwischen zwei Personen um ein Geschäft zu vermitteln oder abzuschliessen. Wer wird nun behaupten wollen, dass sich die Telegrafen-Verwaltung zwischen zwei Correspondenten stelle, um diese zum Abschlusse eines Vertrages zu bewegen?

Wenn ich zwischen einer und der anderen Geschäftsgattung einen Vergleich anstellen und hinnehmen wollte, so könnte ich am ehesten jenen von Bosellini, der den Telegrafisten als einem Dolmetsch ansieht, gelten lassen. Dadurch ist aber durchaus nicht abgesprochen, dass der zwischen der Telegrafen-Verwaltung und dem Aufgeber einer Depesche bestehende Vertrag, nicht als Dienstvertrag anzusehen sei.

Eine Dienstleistung kann auf alle jene verschiedenen Weisen erfolgen, wodurch sich die menschlichen Fähigkeiten praktisch verwenden lassen. Wer es gegen Entgelt auf sich nimmt, einen Brief zu überbringen, einem Dritten Zeichen zu machen, sich als Dolmetsch verwenden zu lassen, der verpflichtet sich gerade so zu einer Dienstleistung, wie der Fuhrmann, welcher Waaren verfrachtet, der Schreiber, der ein Manuscript copirt, der Maurer, der ein Haus baut oder ausbessert, der Buchdrucker, der ein Werk in Druck legt u. s. f. Die Arbeit kann mehr oder weniger mühsam, oder, wenn man will, höherer oder niedriger Art sein, sie bleibt immer Arbeit, und wer sie gegen Entgelt leistet, der schliesst immer einen wahren Lohnvertrag ab.

§. 36. Ich muss mich aber hier mit einer gewichtigen Einwendung beschäftigen, welche mir die Anhänger der alten Schule machen könnten. Merlin sagt in seinem Repertorium bei dem Schlagworte „Notaire," Folgendes: „Es giebt Dienstleistungen, welche, wenn sie auch entgeltlich sind, demjenigen der sie versieht, die Eigenschaft eines Mandatars nicht entziehen. So ist z. B. ein Lehrer welcher Sprach- oder

---

[1]) Siehe Keller, Pandecten §. 313; Duvergier, Louage, IV. Num. 269; Taulier, Theorie du Code. civ. IV, Seite 281; Zachariae's Kommentatoren Droit. civ. IV. §. 707, Note 22: Mai les autres, avec plus de raison, selon nous, font observer que le caractere distinctif du mandat est le pouvoir donné au mandataire de representer le mandant, ce qui ne se rencontre pas dans le contrat par lequel une partie promét des services même de l'ordre le plus elevé et le plus immateriel, puisque celui qui rend ces services, comme celui qui rend le plus humbles offices, ne recoit aucun pouvoir de celui a qui ils sont rendus, et ne le represente en aucune maniere." —

Musik-Unterricht ertheilt, ein Advokat, welcher ein Rechts-Gutachten abgiebt, ein Feldmesser, welcher eine Messung vornimmt, kein Dienstthuender — sondern ein Mandatar, denn in jenen Fällen, wo die geleistete Arbeit nicht mechanischer Art, sondern die Ausübung einer freien Kunst ist, befinden sich sowohl derjenige, der die Arbeit verlangt, als jener, der sie leistet, in der Stellung eines Mandanten und eines Mandatars." Von diesem Grundsatze ausgehend, wird man die Leistung des Telegrafisten, so wie jene des Arztes, des Advokaten, des Lehrers, des Feldmessers und so fort, unter die liberalen Geschäfte einreihen müssen, sie ist keine entgeltliche — und nur entgeltliche Leistungen kann man verdingen — mithin kann sie kein Gegenstand des Lohnvertrages, wohl aber des Mandates sein.

Wenn wir aber auch annehmen wollen die Leistung des Telegrafisten gehöre zu den liberalen Geschäften und sei keine s. g. gemeine Arbeit, was hat das, fragen wir, mit unserer Frage zu thun? — Ich muss vor Allem darauf aufmerksam machen, dass die Unterscheidung zwischen liberalen und mechanischen Geschäften wohl eine historische Grundlage hat, insoferne als sie einst in den herrschenden Gebräuchen und Begriffen fusste, dass sie aber keine aus der Natur der Sache entspringende sei, ganz nach Gutdünken aufgestellt wird, und dem Ideengange unserer Zeit widerstrebt. Selbst die Römer, von welchen die Distinction übernommen worden ist, wussten nicht die Grenzen zu bestimmen, welche jene beiden Gattungen der Arbeit scheiden; denn während sie die Profession des Sprach- und Musiklehrers, des Feldmessers, des Geburtshelfers, des Chirurgen, des Zahnarztes, des Emanuensen, des Rechnungskundigen und sogar der Ammen [1]) als liberale Beschäftigung ansahen, versetzen sie die Malerei unter die servilen Arbeiten [2]): ich kann aber wahrlich nicht einsehen, warum die Arbeit des Barbierers eine höhere als jene des Malers sein soll, und warum es bei dem Maler schicklich, bei dem Arzte oder Chirurgen aber unschicklich sei, ein Entgelt zu fordern [3]).

Es wurde von einem Schriftsteller einstens geäussert, dass es ein Herabwürdigen der liberalen Beschäftigungen sei, wenn man dafür ein

---

[1]) Ulpian bei der L. 1. Dig. de extraord. cognit.

[2]) L. 5 §. 2 Dig. de praescrip. verbis. „At cum do, ut facias: si tale sit factum, quod locari solet, puta, ut tabulam pingas, pecunia data locatio erit."

[3]) Den Filosofen und Rechtslehrern spricht man nicht nur das Recht ab eine Belohnung zu fordern, sondern selbst ein Honorar, als besondere Begünstigung, zu verlangen. So Ulpian: An et philosophi professorum numero sint? et non putem, quia hoc primum profiteri eos opertet, mercenariam operam spernere. (Filosofen sollen also von Luft und Wasser leben!) Ulpian selbst sagt uns dass die Rechtslehrer wohl ein Honorar, welches von den Schülern an der Schwelle des Schulgebäudes erlegt wurde, annehmen, aber nicht vor Gericht verlangen konnten da, wie er an bezeichneter Stelle fortfährt: „Quaedam enim tametsi honeste accipiuntur, inhoneste tamen petuntur." (Wie ersichtlich, ist der Abscheu wider die Bezahlung der Taxen an Professoren der Rechts- und filosofischen Wissenschaften schon alt!)

der Leistung entsprechendes und materielles Entgelt, gerade so wie der Taglöhner und der Handarbeiter, im Allgemeinen anspricht ¹). Wie aber Renouard richtig bemerkt, ist es lächerlich zu glauben, dass es niedrig sei für die Ausübung höherer Professionen ein Entgelt zu fordern; es ist dies ein Vorurtheil, gerade sowie es ein Vorurtheil unserer Ahnen war, den Handel als gemein und herabwürdigend zu betrachten ²). Das Werk des Schriftstellers, die Vertretung einer Partei in einem Prozesse, die Behandlung eines Kranken, das Lehren einer Wissenschaft oder einer Kunst und im Allgemeinen alle Arbeiten des Geistes sind, man stelle sie so hoch man wolle, verhältnissmässig zu entlohnen; diese Arbeiten haben einen Marktpreis, welcher so wie jener aller Handarbeiten und aller Sachen, im Allgemeinen im geraden Verhältnisse mit der Nachfrage, und im umgekehrten mit dem Anbote, steht ³). So lange als man mit dem Vorwande die Werke des Geistes nicht entwürdigen zu wollen, Denker und Schriftsteller nicht bezahlen wollte, waren diese gezwungen, zu den niedrigsten höfischen Kunstgriffen die Zuflucht zu nehmen, um durch Gönner und Mäcenaten das Leben zu fristen; die Würde eines Schriftstellers wurde erst mit dem Tage wieder hergestellt, an dem die geistigen Arbeiter, nachdem sie sich durch ihr Talent eine anständige Existenz gesichert hatten, jene individuelle Unabhängigkeit genossen, welche sich die Handarbeiter schon lange erworben hatten ⁴). Wie Renouard bemerkt, ist die Maxime, dass jede Mühe belohnt werden muss, ein auf Moral und Vernunft fussendes juristisches Princip. Niemals hat die Menschheit, sagt er, ihren Fortschritt klarer bewiesen, als in dem Augenblicke, wo sie die Arbeit, die Stütze der Starken und der Schwachen, gebührend ehrte, und das Recht anerkannte und sanctionirte, dass die Leistung des letzten Taglöhners sowie jene des Staatsmannes ein Entgelt verdienen und es beanspruchen könne. — Wenn man die Arbeiten in höhere und niedrige theilt, ist man mit den einen und den anderen ungerecht. Den letzteren wird zwar das Recht auf Belohnung zuerkannt, aber man drückt ihnen zugleich das Merkmal der Gemeinheit und Verächtlichkeit (als ob die

---

¹) In seiner Abhandlung über die Locatio (Nr. 807) bezeichnete Troplong das System der Oekonomisten, welche die bei der Ausübung der liberalen Beschäftigungen entstehenden Verträge als Lohn-Verträge ansehen, als ein ruchloses Attentat der Utilisten und des allseitig geschlagenen und wankenden Materialismus, welcher sich durch den Industrialismus neuerdings in die Gesellschaft einzuschleichen versucht!
²) Siehe Renouard, Sur le contrat de prestation de travail. (Journal des Economistes, II. Serie, I. Band, Seite 161 und folg. und II. Band, Seite 5 und folg.) Siehe auch das Schlagwort Locazione im XII. Band der Nuova Enciclopedia Italiana.
³) Renouard a. a. O. Enciel. a. a. O., Duvergier, Louage, Nr. 63.
⁴) Nach Troplong's Ansicht ist der Schriftsteller, welcher seine Arbeit entgeltlich leistet, ein Elender, ein feiler Mensch, welcher die Unabhängigkeit und die Würde seines Geistes eingebüsst hat; Arzt und Lehrer handeln schamlos, wenn sie sich bezahlen lassen. Zuletzt sagt er: „Werdet ihr sagen, dass diese (die geistige Arbeit) mit Geld zu bezahlen ist? Nun ich werde mich mit allen Kräften gegen dieses Schmähwort stemmen. Man kann sie verschenken aber nicht verkaufen!" (a. a. O. Nr. 808).

durch eigene Arbeit begründete Existenz, und das der menschlichen Gesellschaft nicht zur Last fallen, statt Hochachtung, Verachtung verdiente!) auf! Gegen die ersteren ist man im entgegengesetzten Sinne ungerecht; denn, während man sie höher anschlägt, spricht man Ihnen zugleich die Berechtigung, ein entsprechendes Entgelt zu fordern, ab. Die Macht der Wahrheit und die allgemeine Nothwendigkeit haben aber bewirkt, dass in der Wirklichkeit auch die höheren Arbeiten nicht umsonst geleistet wurden. Die Rechtsgelehrten haben trotzdem, um ihren allgemeinen Satz nicht fallen lassen zu müssen, zu tausenderlei Sprachfictionen ihre Zuflucht genommen, um die Zulassung eines Entgeltes zu beschönigen, das man nach den Grundsätzen der gesunden Vernunft ohne Schamröthe annehmen kann, und es wurde der natürlichen Bedeutung des Vertrages, für welchen ein Entgelt bestimmt worden ist, Zwang angethan, indem man einer wahren Dienstleistung den Namen „Mandat" beilegte [1]). Es ist wirklich sonderbar anzusehen, wie die bedeutendsten Talente, die höchsten Geister, in Rechtsangelegenheiten so schwer die Gewohnheit ablegen können, sich manchesmal mit einer Wissenschaft in Worten zu begnügen, wo sie eine Wissenschaft in Begriffen aus der Natur der Sachen entnehmen könnten. Die Arbeit des Maurers ist ebenso wie jene des Feldmessers nützlich; beide sind bezahlt, und ihr Preis richtet sich nach dem Gesetze des Angebotes und der Nachfrage. Die wirthschaftliche und rechtliche Identität beider Leistungen ist also eine vollkommene, und jedesmal als sich Jemand verpflichtet einem Anderen gegen ausdrücklich oder stillschweigend bedungenen Entgelt eine Arbeit, sei sie nun höherer oder minderer Art, zu leisten, so ist zwischen diesen Personen ein Lohnvertrag zu Stande gekommen. Es ist demnach ein solcher zwischen dem Advokaten und seinen Klienten, dem Arzte und dem Kranken, dem Techniker und Jenen der seine Arbeit in Anspruch nimmt, ebenso wie zwischen dem Handarbeiter und dem Fabriksherrn u. s. w. vorhanden. Wenn auch zwischen den Arbeiten, welche diese Personen leisten, eine Verschiedenheit besteht, so ist eine solche in dem zwischen ihnen abgeschlossenen Vertrage nicht vorhanden [2]).

§. 37. Ich höre mir aber jetzt antworten, dass alle diese, vielleicht theoretisch richtigen Gründe, in der Praxis nicht angenommen, und von den Gesetzbüchern nicht sanctionirt sind, und dass man, nach den jetzt bestehenden Gesetzen, die Leistung des Telegrafisten als eine mechanische nicht ansehen könne, dass somit kein Dienstvertrag wohl aber ein Vollmachts-Vertrag zu Stande komme. Wenn dies auch wahr wäre, was ich aber nicht zugebe [3]), so bleibt doch der fragliche Vertrag immer ein Lohnvertrag und kein Mandat, da der Aufgeber nicht mit dem Telegrafisten, sondern mit der Telegrafen-Verwaltung

---

[1]) Renouard a. a. O. (II. Seite 14.)
[2]) Siehe ausser Renouard und die Enciclopedia a. a. O., auch noch Zachariae und seine Commentatoren. (Droit. Civil. IV. §. 707.) —
[3]) Vor allen ist es unbestritten, dass das österreichische bürgerliche Gesetzbuch (§. 1153) — welches gerade deshalb von Troplong kritisirt wird —

den Vertrag schliesst, von der man wohl nicht sagen wird, dass sie
ein liberales Geschäft betreibt, wenn man nicht vielleicht das Beiwort
liberal dadurch motiviren will, dass sie sich im Voraus zahlen lässt,
ohne nicht einmal für die genaue und richtige Mittheilung der Depeschen
zu haften [1]). Man wird vielleicht darauf sagen, dass die der Telegrafen-
Verwaltung gezahlte Gebühr in keinem Verhältnisse mit den von ihr
geleisteten Dienste steht; aber selbst das ist unrichtig, denn wir sehen
dass der Telegrafen-Betrieb ein so guter Geschäftszweig ist, dass die Regierungen denselben bis jetzt zum Vortheile des Staates monopolisirt
haben [2]). Aus dem bisher Gesagten dürfte klar hervorgehen, dass der
Vertrag zwischen dem Aufgeber einer Depesche und der Telegrafen-
Verwaltung ein Lohn-Vertrag, oder mit anderen Worten eine Locatio
operarum ist. Nun unterscheiden die Gesetzbücher aber drei Klassen
dieser Verträge: jene, wodurch eine Person ihre Arbeit einem Anderen
verdingt; jene wodurch sich Fuhrleute zum Transport von Personen
oder Sachen verpflichten, und jene wodurch ein Unternehmer Arbeiten
parthieweise in Pacht übernimmt [3]). Will man die von der Telegrafen-
Verwaltung versprochene Leistung unter eine obiger Kategorien von
Verträgen bringen, so hat sie offenbar nach ihrer Natur am meisten Aehnlichkeit mit den, von dem Fuhrmann zu leistenden Diensten.
Es wurden auch in der That die für den Geschäftbetrieb der Fuhrleute bestehenden Gesetze, auf alle Unternehmungen zur Beförderung
von Personen und Waaren zu Land und zur See, wie z. B. Eisenbahnen, Dampfschiffe, Stellfuhren, und auf die Briefpost mehr oder weni-

---

bestimmt: Sobald Jemand eine Arbeit oder ein Werk bestellt,
so wird auch angenommen, dass er in einem angemessenen
Lohn eingewilligt habe.
    Aehnliche Bestimmungen findet man im preuss. Landrechte (I. 13.,
§. 74). Das Princip dieser Gesetzbücher wird auch in jenen Ländern, wo
das gemeine Recht gilt, wie in Toscana und in vielen deutschen Staaten,
in der Praxis anerkannt. (Siehe für Toscana das Dizionario legale des
Dr. Girolamo Sachetti, II. Band, bei dem Schlagworte Medici; Ver-
naccini, Decisioni, II. Band, 57; und für Deutschland, die von Pfeif-
fer in seinen praktischen Ausführungen, VII. Band, angeführten
Urtheile.) Nach der Ansicht ausgezeichneter französischer Schriftsteller,
besonders von Duvergier, Zachariae, Renouard, Vergé Massé,
gelten, nach den sehr vagen Bestimmungen des Mustercodex, dieselben
Grundsätze auch in Frankreich. Ich glaube dass die oben angeführten
Grundsätze in Italien nicht nur mit den Gesetzen der einzelnen Provinzen
in keinem Widerspruch stehen, sondern dass sie auch dem Rechtsgefühle
der Nation entsprechen.

[1]) Die Reglements für die telegrafischen Correspondenzen aller Länder stimmen darin überein, die Verwaltung von jeder Schadenersatz-Pflicht zu befreien. Auf diese, jedem Rechts- und Billigkeits-Grundsatze widerstreben-
den Bestimmungen, werden wir später noch zurückkommen.

[2]) Siehe das national-ökonomische Jahrbuch von Guillemain 1862, Seite 81
—102 und die Gazzetta uffiziale del Regno, 1862, Nr. 168. —

[3]) Cod. Nap. Art. 1779, welcher auch in die anderen Gesetzbücher aufgenommen wurde.

ger ausgedehnt [1]): wie oben bewiesen worden ist, hat aber der Telegraf gerade mit der Briefpost die meiste Aehnlichkeit [2]). —

VIII.
Unrichtige Wiedergabe des Telegrammes und daraus entspringende Folgen.

§. 38. Wie der folgende nunmehr in ganz Europa bekannte Fall beweisen kann, sind die Fragen, mit welchen wir uns in diesem Kapitel beschäftigen, die wichtigsten, und zugleich aber auch die schwierigsten.

Am Morgen des 19. Jänner 1856, übergab das Handelshaus Oppenheimer bei dem Telegrafen-Amte in Köln, eine Depesche an den Handelsmann Weiller in Frankfurt a. M. Das Concept derselben lautete: „Kaufen Sie 1000 Stück österr. Credit-Actien bis 110,000 Gulden. Bexbach bis 152. (Actien der Eisenbahn Ludwigshafen-Bexbach.) Antwort telegraphisch. —

Durch einen Irrthum des Beamten der Ankunfts-Station enthielt das Telegramm, wie es dem Handelsmann Weiller in Frankfurt übergeben wurde, statt des Wortes Kaufen, das Wort Verkaufen; und der Irrthum ist leicht zu erklären, wenn man bedenkt, dass zwischen den beiden Worten Kaufen und Verkaufen nur ein geringer Unterschied in der Aussprache und Schreibart besteht.

Sogleich nach Zustellung des Telegrammes, vollzog Weiller den Auftrag, sowie er diesen aus dem obbezeichneten unrichtigen Telegramme entnommen hatte und setzte, nach Massgabe der erhaltenen Instruction, den Auftraggeber in Kenntniss, dass er die bezeichneten Actien, im Gesammtwerthe von beiläufig 450.000 Francs, verkauft habe; das Haus Oppenheimer antwortete alsogleich durch den Telegrafen, dass es den Verkauf nicht anerkenne, da der Auftrag auf Kauf und nicht auf Verkauf lautete [3]).

---

[1]) Cod. Nap. Art. 1782—86; Entwurf Miglietti Art. 1864—1666; Code Comm. Tit. III., 3. Abtheilung.

[2]) Siehe oben §§. 7 und 8. Die aus den, in diesem Kapitel entwickelten Grundsätzen, entspringenden Folgen, werden der Gegenstand einer eigenen Abtheilung des achten Kapitels bilden.

[3]) Ein anderer Fall von einiger Bedeutung ist jener, die Eisenbahn von Savona betreffend, worüber der Sindicus von Turin den Gemeinderath dieser Stadt, in der Sitzung vom 4. März 1862, in Kenntniss setzte. Ueber diesem ist im Corriere di Genova, Nr. 37, Folgendes zu lesen: Die Eisenbahn-Gesellschaft eröffnete in London, Anfangs Februar, eine Subscription auf 20000 Actien. Innerhalb von drei Tagen waren 35000 solcher Actien zum bedeutenden Vortheile der Gesellschaft übernommen worden. Ein Turiner Bankhaus richtete an den Sindicus die Anfrage, ob die Stadt geneigt wäre ihre 2000 Actien al pari zu verkaufen, und erbot sich 500 derselben sogleich zu übernehmen. Der Sindicus hielt es, nach einer Besprechung mit den Räthen Revel und Carmagnola, für nöthig, zuerst an die Gesellschaft eine Anfrage zu richten, und schickte an das Ministerium des Aeus-

Es wurde auch wirklich durch Einsichtsnahme des im Telegrafen-Amte zu Köln erliegenden Conceptes der Depesche bestätigt, dass die Sachlage mit den Aussagen des Aufgebers vollkommen übereinstimmte.

Nach einem mehrtägigen lebhaften Briefwechsel, und bei der consequenten Weigerung von Seite des Hauses Oppenheimer, den Verkauf für eigene Rechnung abgeschlossen zu betrachten und den Beauftragten, die Credit-Actien zu schicken, erklärte Letzterer in einem rekommandirten Schreiben, dass wenn ihm die Actien nicht bis letzten Jänner übersendet werden sollten, er sie am 31. selbst kaufen, und den Ersatz der Preisdifferenz ansprechen würde. Da das Haus Oppenheimer bei der Weigerung verharrte, schritt der Andere ohne weiteres, und mit dem Verluste von beiläufig 150,000 Francs, zum Ankaufe der Actien.

Nachdem jeder Versuch, einen freundschaftlichen Ausgleich zu erzielen, gescheitert war, verklagte Weiller bei dem Gerichte in Köln am 4. April 1856 das Haus Oppenheimer, den Ersatz der bezeichneten Summe nebst Zinsen fordernd. Nebenbei verlangte er noch das Erkenntniss dahin, dass das Haus Oppenheimer verpflichtet sei, ihm die bezeichneten Credit-Actien zu liefern, und dass ihm für den Fall des Nichtzuhaltens das Recht eingeräumt werde, die Actien selbst zu kaufen und seine Auslagen und Verluste zu liquidiren.

Die Klage-Gründe waren folgende zwei:

1. Dass der, in dem, vom Telegrafen-Amte in Frankfurt dem Kläger zugestellten Telegramme, enthaltene Auftrag, als von dem Hause Oppenheimer ausgegangen zu betrachten sei, weshalb derselbe den Kläger für die aus dessen Erfüllung entstandenen Nachtheile schadlos halten müsse.
2. Dass eventuell Verklagter jedenfalls aus dem Grunde tenent sei, weil er den Weg der telegrafischen Beförderung gewählt, den Kläger dadurch zum Handeln veranlasst, und die dabei untergelaufenen Versehen der Mittelspersonen zu vertreten habe.

§. 39. Diesen Fall nehmen wir als Ausgangspunct unserer Betrachtungen; und es wird in Folge dessen dieses Kapitel in vier Abtheilungen zerfallen.

In der ersten werden wir von dem Einflusse sprechen, welchen eine Veränderung des Inhaltes der Depesche auf den Vertrag ausüben

---

sern eine italienische Depesche zur Beförderung an unsern Gesandten in London, damit sie dieser dem Secretär der Gesellschaft mittheile. In Frankreich wurde die Depesche unrichtig übersetzt und bei der Chiffrirung das Wort vendrait (würde verkaufen) in voudrait (möchte haben) — nämlich die 2000 Actien — verändert. — In Folge dessen war man in London des Glaubens, dass ein Auftrag zu kaufen gekommen sei, und telegrafirte nach Turin, dass man den Erlag von 100,000 Lire erwarte. Da der Sindicus diese Antwort nicht verstand, gab er keinen Auftrag das Geld zu erlegen. Nach Mittheilung einiger Aufklärungen wurde aus London telegrafirt, dass die 2000 Actien aus Gefälligkeit für die Stadt zurückbehalten worden seien. Es wurde von Seite des Gemeinderathes mit einer entschiedenen Abweisung dessen geantwortet, was man nie zu kaufen beabsichtigt hatte.

kann, welcher durch den Telegrafen abgeschlossen werden soll; in der zweiten werden wir die Frage erörtern, ob die aus der Veränderung entspringenden Nachtheile dem Aufgeber oder dem Adressaten zur Last fallen; in der dritten werden wir prüfen, ob es ein Regressrecht gegen die Telegrafen-Verwaltung und deren Beamten gebe; in der vierten werden wir endlich einige Vorschläge machen und Vorsichtsmassregeln auseinander setzen, deren Anwendung, unserer Ansicht nach, zum Vortheile der Regierungen und der Privatpersonen gereichen könnte.

Einfluss der unrichtigen Wiedergabe einer Depesche auf die Gültigkeit der Verträge.

§. 40. Wie schon im §. 13 gesagt worden ist, kann die Benützung des Telegrafen bei Abschluss der Verträge diese nicht von der Nothwendigkeit entbinden, die allgemeinen Merkmale, welche ihre Gültigkeit bedingen, an sich zu tragen.

Es folgt daraus dass die vier Hauptmomente eines jeden Vertrages: die persönliche Fähigkeit der Contrahenten, der bestimmte Gegenstand, die Erlaubtheit des Vertrages und die Einwilligung der Contrahenten, auch bei den, durch den Telegrafen abgeschlossenen Verträgen, vorhanden sein müssen.

Es wäre überflüssig diesen offenbar richtigen Grundsatz näher begründen zu wollen; nur in einigen Fällen könnte, wie aus den oben Angeführten hervorgeht, ein Zweifel darüber auftauchen, ob die Einwilligung vorhanden sei oder nicht.

§. 41. Wenn diejenigen, welche das Telegramm als eine von dem Aufgeber geschriebene und unterschriebene Original-Urkunde ansehen, sich consequent bleiben wollen, so müssen sie zugeben, dass die unrichtige Wiedergabe des Telegrammes, die Einigung der Willen der Contrahenten durchaus nicht ausschliesst. Nur in einem Falle könnten die Anhänger jenes Grundsatzes dessen Folgen nicht anerkennen, nämlich wenn es sich herausstellen sollte, dass von dem vermeintlichen Aufgeber gar keine Depesche zur Beförderung vorgelegt wurde, sei es nun dass dieselbe von einem Dritten herrühre, oder gar dass sie der Telegrafenbeamte vollständig erdichtet hätte. Es gilt hier dasselbe wie in dem Falle, wenn Jemand einen unechten Brief, um einen Dritten zu benachtheiligen, durch die Post befördert: auch hier könnte die Einwendung der Unechtheit der Urkunde angebracht werden. Aber in jedem anderen Falle könnte eine Veränderung an der Depesche die Einigung der Willen niemals verhindern. Demjenigen, der diesen Schluss für nicht viel weniger als absurd hielte, würde ich antworten, dass es nicht der erste ist, welcher aus unrichtigen Prämissen hervorging: und die unrichtige Prämisse besteht hier gerade darin, dass man dem Telegramme ein juristisches Wesen beilegt, welches es durchaus nicht hat. Gesetzt der Aufgeber ist, wie Jene behaupten, für jeden Inhalt des Telegrammes verantwortlich, so ist dann auch jenes Telegramm echt und wirksam, welches durch einen Irrthum von Seite des Telegrafenbeamten an eine andere Adresse gelangte, als an die es gerichtet war.

Titius hält z. B. um die Hand der Caja an, das Telegramm wird aber zufälliger- oder boshafterweise der Sempronia zugestellt. Wenn nun diese voll Freude mit einem unbedingten Ja antwortet, so ist ein gegenseitiges vollkommen regelmässiges Heiraths-Versprechen vorhanden. Tritt Sempronia, nachdem sie von dem Irrthume in Kenntniss gesetzt wurde, nicht freiwillig zurück, so bleibt dem Titius kein anderes Mittel übrig als die Lösung des Verlöbnisses erroris causa zu erwirken, wenn auch der Beweis der unrichtigen Telegrafirung noch so leicht zu liefern wäre. Ich glaube es gibt keinen Menschen von gesundem juristischen Verstande, der in dem nicht ein Absurdum sehe. Es ist wohl offenbar, dass eine Lösung des Verlöbnisses nicht nöthig ist, ein solches war ja niemals vorhanden, den Titius hielt nicht um die Sempronia, sondern um die Caja an.

Der eifrigste Vertreter jener Ansicht, Professor Fuchs, hat, obige Einwendung voraussehend, einen Ausnahmsfall zugegeben, in welchem seine Theorie keine Anwendung finden soll; und das gerade in dem Fall, wenn durch Irrthum des Telegrafen-Beamten das Telegramm nicht an den Adressaten, sondern an eine andere Person gelangt. Hierauf bemerke ich: entweder ist auf die Originaldepesche Rücksicht zu nehmen, (und dieser Ansicht bin ich) und dann ist ein Vertrag nicht nur dann nicht vorhanden, wenn die Depesche einem anderen als die Adressaten zugestellt worden ist, sondern auch dann nicht, wenn die nöthige Einwilligung über einen der Hauptpuncte des Vortrages, z. B. die Gattung desselben, oder den Gegenstand des Antrages u. s. f. fehlt, oder es ist (wie Professor Fuchs meint) auf das Telegramm zu sehen, und da ist der Vertrag aber auch geschlossen, wenn nur der Aufgeber wirklich telegrafiren liess, ohne Rücksicht ob die Umänderung an der Depesche die Person des Adressaten, die Gattung des Vertrages, den Gegenstand des Antrages, oder sonst etwas Anderes betrifft. Den obbezeichneten, so ganz falschen Schluss kann man nur dann vermeiden, wenn man die Ansicht aufgibt, dass das Telegramm an und für sich echt sei, und dem Willen des Absenders selbst dann entspricht, wenn es mit der Originaldepesche nicht übereinstimmt.

§. 42. Wenn wir nun die von uns aufgestellten Grundsätze über das juristische Wesen des Telegramms auf den oben erzählten Fall anwenden, so entnehmen wir daraus die logische Folgerung, dass zwischen Oppenheimer und Weiller gar kein Vertrag bestand.

Ersterer hatte den Auftrag zu Kaufen gegeben, Letzterer erklärte den Auftrag zu Verkaufen anzunehmen, es fehlt also die Uebereinstimmung des Willens der beiden Theile über den wesentlichen Punct des Vertrages.

Es war demnach, wie auch das Gericht in Köln erkannte, gar nicht nothwendig, die Nichtigkeitserklärung des Vertrages wegen des obwaltenden Irrthumes zu verlangen; da wegen Mangel der Willens-Einigung gar kein Vertrag zu Stande gekommen war, so gab es auch keinen, welcher rescindirt werden konnte. —

§. 43. Ich erachte es für zweckdienlich hier an die von Bekker in seinem Aufsatze über die Haftpflicht des Mandanten, ausgesprochene Ansicht, zu erinnern.

Er meint, dass wenn es sich um einen unrichtig notificirten Auftrag handelt, ein Mandats-Vertrag auch dann zu Stande komme, wenn der Wille des Auftraggebers entstellt ausgedrückt worden ist, und begründet dies wie folgt.

Da das Mandat ein Vertrag ist, dessen Abschluss keine Formalität erfordert, und welcher sogar stillschweigend geschlossen werden kann, so ist bei der Auslegung eines solchen, nur auf den Willen der Contrahenten Rücksicht zu nehmen.

Wenn also z. B. Titius den Cajus mit dem Ankaufe von Kreditactien beauftragt, so enthält dieser Auftrag zwei Anträge: einer lautet auf Abschluss eines Geschäftes resp. eines Börsegeschäftes, und der andere, dieses Geschäft auf eine bestimmte Weise abzuschliessen, also in unserem Falle, eine bestimmte Zahl und Gattung von Kreditactien zu kaufen. Wenn aber der Auftrag unrichtig bekannt gegeben, und dem anderen Theile, statt zu kaufen, zu verkaufen angeordnet wird, und dieser den Auftrag annimmt, so ist die Einigung des Willens der beiden Theile vorhanden, ein Börsegeschäft zu machen, und der Vertrag besteht: nur bezüglich der Art und Weise seiner Ausführung waltet ein Irrthum ob!

Ich bin meinerseits vollkommen überzeugt, dass kein Geschäftsmann der Ansicht Bekker's sein wird; und das nicht aus einem, sondern aus tausend Gründen. Wenn Titius den Auftrag zu kaufen giebt, und Cajus verkaufen versteht, so fehlt ja die Einigung des Willens über die Hauptsache, über das Wesen des Vertrages und es besteht kein Mandat; denn sonst müsste man folgern, dass bei jedem bonae fidei contractus, die Einwilligung auch dann vorhanden sei, wenn ein Irrthum über den Gegenstand oder einen andern Hauptpunct obwaltet, welcher doch stets den consensus ausschliesst. Wenn ich z. B. dem Cajus den Antrag stelle, das Gut Tusculanum zu kaufen, er aber das Gut Sempronianum versteht, so wird nach Bekker's Ansicht ein Vertrag vorhanden sein, denn es besteht die Uebereinstimmung des Willens der Contrahenten einen Kaufvertrag schliessen zu wollen, und der Irrthum findet nur in Bezug auf die Ausführung desselben statt, dahin, dass das eine statt des andern Gutes, Gegenstand des Kaufes wird.

Wer seine gesunde Vernunft nicht verloren hat, der wird wohl kaum so urtheilen. Wenn man aber selbst Bekker's Ansicht beipflichten wollte, so würde dessen ungeachtet unsere Theorie begründet bleiben. Da man nach dieser, wie gesagt, nicht auf das Telegramm, sondern nur auf die Original-Depesche Rücksicht nehmen kann, so folgt daraus, dass wenn eine Uebereinstimmung beider Willen nicht vorhanden ist, auch kein Vertrag zu Stande kommt. Es würde sich also dann nur darum handeln, ob in dem von Bekker angeführten Falle, eine solche Uebereinstimmung besteht oder nicht; er behauptet und ich leugne es, da ich der Ueberzeugung bin, man könne niemals eine

Einwilligung annehmen, wo beide Theile über den Hauptpunct des Vertrages nicht einig sind.

§. 44. Wenn die unrichtige Mittheilung in einem Telegramme den Hauptpunct betrifft, so ist die Einwilligung ausgeschlossen; man kann aber nicht dasselbe von jeder Unrichtigkeit, welche in der Depesche vorkommt, sagen. Betrifft eine solche nur einen Nebenpunct, so besteht die Einwilligung der beiden Theile gerade so wie bei den durch einen Boten oder mittelst Briefes abgeschlossenen Vertrag. Es ist demnach eine Uebereinstimmung der Willen vorhanden und ein Vertrag zu Stande gekommen, wenn auch z. B. das Datum der Depesche unrichtig angegeben, oder wenn der Ort der Aufgabe fälschlich benannt oder ganz weggelassen, oder der Grund, der den Aufgeber zum Abschlusse des Vertrages bewog, nicht oder falsch bezeichnet wäre, u. s. f.

Mit einem Worte, es gelten hier im Allgemeinen diejenigen Grundsätze, welche für jene Verträge gelten, welche brieflich oder durch mündliche Mittheilung per nuntium, abgeschlossen werden.

Von dem aus der unrichtigen Telegrafirung entstandenen Schaden.

§. 45. Wir lassen hier das eventuelle Regressrecht gegen die Telegrafenverwaltung, weil davon in der nächsten Abtheilung die Rede sein wird, ganz bei Seite, und beschäftigen uns nur mit den beiden Korrespondenten. Wer von Beiden wird die Folgen der unrichtigen Telegrafirung tragen müssen? Der Aufgeber oder der Adressat? Wie man aus dem weiter unten Gesagten ersehen wird, bin ich der Ansicht, dass dem Adressaten in der Regel, wenn er durch das unrichtige Telegramm irgend wie zu Schaden gekommen ist, kein Klagrecht gegen den Aufgeber zusteht, und dass derselbe höchstens gegen die Telegrafen-Verwaltung oder deren Beamten auftreten kann. Bei der Schwierigkeit, Wichtigkeit und Heiklichkeit dieser Frage halte ich es aber für zweckmässig, vor der Begründung meiner Ansicht, jene Gründe zu widerlegen, welche für die gegentheilige Ansicht geltend gemacht werden können, oder bereits geltend gemacht wurden.

§. 46. Der Satz: dass der Aufgeber für jeden Schaden, welcher aus der unrichtigen Telegrafirung herrührt, haften müsse, könnte vor Allem durch Folgendes vertheidiget werden. Der Aufgeber benützt den Telegrafen, damit jene Depesche, die er einem Dritten zuzusenden beabsichtigt, für ihn geschrieben und unterschrieben werde. Man muss also das Telegramm wie es von den Beamten zusammengestellt und den Adressaten mit der Unterschrift des Absenders versehen, übergeben wird, in Bezug auf diese Personen als einen von dem Aufgeber selbst geschriebenen und unterschriebenen Brief ansehen. Ein Irrthum in der Beförderung oder Zustellung würde ebenso wie jener im Schreiben und Zustellen eines gewöhnlichen Briefes, keinen Einfluss haben: sowohl in dem einen wie in dem anderen Falle, kann man nicht sagen, es fehle die Einwilligung, und es ist der Vertrag geschlossen. Wenn der Adressat in Gemässheit dieses Vertrages gehandelt hat, so steht ihm in Folge dessen auch die Klage aus demselben wider den Gegentheil zu. So z. B., wenn es sich um ein Mandat handelte, und der Mandatar Auslagen gehabt hätte, um den im Telegramme enthaltenen entstellten Auftrag zu erfüllen, so hat er das Klagsrecht aus dem Vertrage, und kann den Ersatz dieser Kosten fordern; — hält sich nun der Auftraggeber für beschädigt, so kann er sich an die Telegrafenverwaltung halten, welche an der unrichtigen Mittheilung des Auftrages Schuld trägt.

Diese Argumentation scheint mir nicht stichhältig. Wie wir schon anderswo gesagt haben, kann man das Telegramm für einen von dem Absender geschriebenen und unterschriebenen Brief nicht halten. Dasselbe spricht den Willen des Aufgebers nur insoferne aus, als es mit dem Inhalte der Original-Depesche übereinstimmt. Zwischen einem eigenhändigen Briefe und einem Telegramme ist wohl ein grosser Unterschied. Wenn ich z. B. dem Kaufmanne Cajus in Genua schreibe, mir ein Fass Zucker zu senden, und er mir diesen überschickt, so kann ich die Uebernahme nicht aus dem Grunde verweigern, weil ich den Brief irrigerweise statt an Titius, an den ich mich wenden wollte, an Cajus adressirte. Dasselbe gilt in Bezug auf den Gegenstand des Kaufes, wenn ich z. B. Kaffee bestellen wollte, und aus Versehen Zucker geschrieben hätte. Habe ich selbst den Brief geschrieben, oder habe ich ihn auch nur unterschrieben, wenn derselbe auch meinem Willen nicht entspricht, so trage ich daran die Schuld und ich muss die Folgen auf mich nehmen. — Wenn ich aber, im Gegentheile, bei dem Telegrafenamte eine Depesche an Titius aufgegeben habe, und der Beamte telegrafirte an Cajus, oder wenn ich Kaffee bestellt habe, und derselbe schrieb Zucker, wird es da wohl Jemand einfallen zu sagen, ich habe dem Cajus einen Auftrag gegeben — oder ich habe Zucker bestellt?

§. 47. Ein anderer Grund den unsere Gegner für die Haftpflicht des Aufgebers anführen, ist, dass sie ihm die Wahl des Mittels zur Mittheilung, zum Vorwurf machen; und das Gericht zu Köln hat sich gerade besonders darauf gestützt, um die Sachfälligkeit des Hauses Oppenheimer in dem von uns bezeichneten Processe zu begründen. Dies sind die Gründe des Urtheiles:

„In Erwägung, dass die elektrisch-magnetische Telegrafie zur Zeit „noch ein mehr oder weniger ungenaues und unzuverlässiges Verkehrs- „mittel bildet, weil sowohl die anregende Kraft und die ihr entgegen „wirkenden hemmenden und verzögernden Einflüsse noch nicht gehörig „bekannt sind, als auch, abgesehen von den rein mechanischen Opera- „tionen, die Thätigkeit des dabei beschäftigten Personales wegen der „ungewöhnlichen Eile und Schnelligkeit, worauf dasselbe der Natur „der Sache nach angewiesen ist, leicht zu Versehen, Irrungen und „Missverständnissen Anlass geben kann, wesshalb denn auch sämmtliche „Staaten, in deren Händen sich das Telegrafenwesen befindet, jede „Garantie ausgeschlossen haben, so wird angenommen, dass derjenige, „welcher sich dieses unsicheren Mittels zu seiner Korrespondenz be- „dient und die Vorsichtsmassregeln, welche zur Vergewisserung der „richtigen Uebermittlung vorhanden sind, unterlässt, sich die Folgen

„von eintretenden Störungen und Irrungen selbst zuschreiben und den „Andern dadurch verursachten Schaden, ersetzen muss."

Es ist nicht meine Absicht und kann es auch nicht sein, zu untersuchen, ob die physicalischen Gesetze, nach welchen sich die elektrische Telegrafie richtet, genügend bekannt seien, und ob der Morse'sche Apparat geeignet sei, das Gelingen der mechanischen Manipulation zu sichern; diese Frage kann von einem Juristen nicht gelöset werden; die Physiker sind aber wohl anderer Ansicht in Bezug auf die Genauigkeit der elektrischen Wirkungen und Verbindungen, und der Gesetze, nach welchen dieselben sich richten!

Wenn aber der Telegraf auch nicht jene Verlässlichkeit und Sicherheit biethen sollte, welche ihm die Physiker, und mit ihnen Jedermann, insbesondere aber die Geschäftsleute, zuschreiben, so folgt doch daraus noch nicht ohne Weiteres, dass der Aufgeber in jedem Falle für den unrichtig mitgetheilten Inhalt der Depesche verantwortlich sei, und dass man es ihm als Verschulden anrechnen könne, den Telegraphen der Post vorgezogen zu haben, während ersterer, als öffentliche Anstalt anerkannt, und in den wichtigsten Staats- und Privat-Angelegenheiten benützt wird. — Wie kann man Jemand den Gebrauch eines Communicationsmittels zum Vorwurf machen, dessen sich die Handelshäuser, die öffentlichen Aemter, die Regierungen, kurz die ganze Welt, bedient? Man sagt, die Post ist ein sichereres Beförderungsmittel; ich glaube das nicht, wenn es aber auch der Fall wäre, so ist sie ein ungleich langsameres, und in gewissen Fällen, ich möchte fast sagen, in allem Fällen, in denen man vom Telegrafen Gebrauch macht, besonders bei Börsegeschäften und ähnlichen Speculationen, ist die Schnelligkeit Alles. Ich kann auch der andern Bemerkung des Gerichtes in Köln, dass ein Verschulden desjenigen der vom Telegrafen Gebrauch macht, auch schon darin liegt, „weil die Thätigkeit des dabei beschäftigten Per„sonales wegen der ungewöhnlichen Eile und Schnelligkeit bei der „Manipulation leicht zu Versehen, Irrungen und Missverständnissen „Anlass geben kann," nicht beistimmen. Ich bemerke, dass die Eile bei den Postämtern noch grösser ist, da hier der Andrang ohne Vergleich ein bedeutenderer als bei den Telegrafenämtern ist, und doch ist es niemals Jemand eingefallen einem Andern einen Vorwurf zu machen, weil er die Post benützte. Wenn die Telegrafenbeamten, den Dienstvorschriften zuwider, nicht mit der nöthigen Ruhe manipuliren, nicht alle Vorsichten anwenden, und, in irgend einem seltenen Falle, durch Nachlässigkeit oder Unaufmerksamkeit Jemand schaden, so kann Dieser immerhin von den Schuldtragenden den Ersatz des Schadens verlangen; es wäre aber jedem Gerechtigkeits- und Billigkeitsgrundsatze zuwider, wenn man diesem, aus dem Verschulden eines Beamten entstandenen Schaden, dem Aufgeber zur Last legen wollte, dem doch Nichts vorzuwerfen ist, und der ihn gar nicht voraussehen konnte, da er glauben muss, dass die Regierung zu dem so heiklichem Telegrafenbetriebe, nur tüchtige und gewissenhafte Beamte angestellt hat. Es ist aber schliesslich noch zu bemerken, dass wenn wir das von uns angefochtene Princip weiter ausführen wollten, wir zu dem Schlusse kommen müssten, dass auch demjenigen der die Postanstalt benützt, ein Verschulden in der Wahl des Beförderungsmittels zur Last fällt, da er auch einen eigenen Boten abordnen, oder sich selbst an den Ort des Vertragsabschlusses hätte begeben können. Offenbar würde man auf diese Weise nicht nur die Gerechtigkeit verletzen, sondern in den meisten Fällen den Abschluss der Verträge unter Abwesenden erschweren und vielleicht sogar ganz unmöglich machen.

§. 48. Ein anderer Grund der wider uns geltend gemacht wird, ist folgender: Wenn man auch kein Verschulden darin sehen wollte, dass der Aufgeber von dem Telegrafen Gebrauch machte, so ist er doch in culpa, weil er die vom Art. 20. Al. I. des Reglements bewilligte Collationirung der Depesche nicht verlangt hat. Die betreffende gesetzliche Bestimmung lautet: „Der Aufgeber kann die Collationirung der Depesche, d. i. die Wiederholung derselben durch die Ankunftsstation verlangen; für diese Collationirung ist dieselbe Gebühr wie für das Telegramm selbst zu entrichten." Dass aber dieser Einwurf unhaltbar ist, zeigt sich sogleich, wenn man betrachtet, dass die Telegrafen eine öffentliche Anstalt, und der Aufsicht der Regierung unterworfen sind, ja in unserem Königreiche ausschliesslich vom Staate verwaltet werden. Wer also vom Telegrafen Gebrauch macht, der ist wohl immer des Glaubens, dass der Staat nur geschickte, verlässliche und gewissenhafte Beamte anstellen wird. Da nun eine unrichtige Telegrafirung nur selten vorkommt, so wird selbst der vorsichtigste Mann mit Grund annehmen, dass das Telegramm richtig mitgetheilt und copirt worden ist. Es ist wohl wahr, dass unser Reglement demjenigen, der die Gebühr doppelt zahlt, gestattet, eine Zurücktelegrafirung der Depesche zu verlangen; diese Bestimmung gereicht den Staatsfinanzen ebenso wie den Privaten zum Vortheile: es ist aber anderseits auch gewiss wahr, dass eine solche Controle der Telegrafenbeamten die Grenzen jener Aufmerksamkeit überschreitet, welche man gewöhnlich anwenden muss, so dass selbst die vorsichtigsten Kaufleute nur selten eine solche Collationirung verlangen.

Für uns ist noch ein Grund mehr vorhanden, demjenigen kein Verschulden zur Last zu legen, der sie nicht fordert, weil nach Art. 21 des Reglements die theilweise Collationirung, d. i. die Wiederholung der wichtigsten Worte der Depeschen, schon nach den Dienstvorschriften und unentgeltlich erfolgt; so dass derjenige welcher telegrafirt, gegründete Ursache hat zu glauben, dass die Telegrafenbeamten ihre Pflicht gethan haben werden, und es für Verschwendung hält, nur aus Misstrauen gegen dieselben Geld auszugeben. Wenn man aber auch, gegen alle Rechts-Grundsätze, in dem Versäumnisse der Anwendung dieser ausserordentlichen Vorsichtsmassregel, ein Verschulden erblicken wollte, so muss man bedenken, dass auch der Adressat in demselben Verschulden ist, da auch er ja nach den einzelnen Fällen, und den Zweifeln die bei ihm aufsteigen, das Recht hat, die Wiederholung der ganzen Depesche oder eines Theiles derselben, zu verlangen. Es wird sogar der Empfänger noch mehr als der Aufgeber bewogen sein, diese Vorsichtsmassregeln zu ergreifen, denn will er nach dem Inhalte des Telegrammes handeln, so muss er sich Mühen und Auslagen unterziehen, und er ist darum der Erste, welchen die Folgen eines unrichtigen oder gefälschten Telegrammes treffen. Es liegt also im Interesse des Empfängers sich die Ueberzeugung von der Genauigkeit des Telegrammes zu verschaffen, wenn er nicht zu Schaden kommen will: wenn er demselben aber ohne Weiteres Glauben schenkt, so trifft ihn auch der Schade: er kann dem Aufgeber keinen Vorwurf machen und von ihm Ersatz fordern, da der erlittene, aus der unrichtigen Telegrafirung entstandene Nachtheil entweder durch äussere Einflüsse, oder durch ein Verschulden der Telegrafenbeamten, nicht aber durch eine Nachlässigkeit des Aufgebers entstanden ist.

§. 49. Man könnte, um dem Aufgeber die oftbezeichnete Verantwortlichkeit zur Last legen zu können, vielleicht auch so argumentiren. Wer den Telegrafen benützt, und dadurch den von einem dritten erlittenen Schaden verursacht, muss diesen ersetzen und zwar nach dem Grundsatze der modernen Gesetzbücher: „Jede Handlung eines Menschen, welche jemand anderen Schaden bringt, begründet die Verpflichtung desjenigen durch dessen Verschulden dieser entstanden ist, den Schaden zu ersetzen." So Art. 1382 des Cod. Nap., so der Cod. Albertino, und so alle jene Gesetzbücher und Entwürfe, welche dem ersteren nachgebildet sind.

Diese Begründung ist aber nicht stichhältig. Die modernen Gesetzbücher setzen, in Uebereinstimmung mit dem römischen Rechte, um denjenigen durch dessen Verschulden der Schaden entstand als ersatzpflichtig hinzustellen, eine solche Handlung voraus, die eben ein Verschulden enthält.

Wenn wir diese Bestimmung auf unseren Fall anwenden wollen, so müssten wir vor Allem nachweisen, dass der Aufgeber im Verschulden sei: die einfache Thatsache aber dass der Telegraf benützt wurde, begründet wie oben nachgewiesen wurde, kein Verschulden. Es hiesse alle Grundsätze der civilrechtlichen Verantwortlichkeit umstürzen, wenn man den Aufgeber mit allen möglichen Folgen einer erlaubten, jedem öffentlichen Amte gestatteten Handlung, ja selbst der Zufälligkeiten, Nachlässigkeiten und Fehler der Telegrafisten, belasten wollte. Wenn der Adressat durch äussere unabwendbare Einflüsse Schaden erleidet, da kann Niemand zum Ersatze verhalten werden; wenn jemand Anderer daran Schuld ist, so halte er sich an diesen, und nicht an den Aufgeber, der gewiss nicht in culpa ist.

§. 50. Ich halte es für zweckmässig hier an die von Professor Ihering in neuerer Zeit, in seinem langen Aufsatze „Ueber den Schadenersatz bei nicht zur Perfection gelangten Verträgen," entwickelte Theorie, zu erinnern, welche ich übrigens bereits in meiner Schrift: Ueber den jetzigen Stand der Rechts-Wissenschaft in Deutschland, besprochen habe. Um mich kurz zu fassen, werde ich nur das anführen, was mit der von uns berührten Frage im Zusammenhange steht.

Indem Ihering seine Theorie in dem Grundsatze zusammenfasst, dass die Verbindlichkeit, die vertragsmässige diligentia zu prästiren, nicht für bereits vollkommen regelmässig geschlossene, sondern auch für solche Verträge besteht, deren Abschluss gerade bevorsteht, und dass die Vernachlässigung dieser diligentia in dem einen sowie in dem anderen Falle die Klage aus dem Vertrage begründet, fährt er fort: Wer eine Handlung, die ihm selbst obgelegen hätte, durch einen Anderen ausführen lässt, haftet schlechthin für die culpa; wer dagegen einen Anderen zur Vornahme der Handlung nur auszusuchen brauchte, haftet für dessen culpa nur dann, wenn ihn selbst der Vorwurf der culpa in eligendo trifft. Und gleich darauf sagt er noch: „Jeder Contrahent hat seinen Willen selber zu äussern; wer sich zu dem Zwecke anderer Personen bedient, thut das auf eigene Gefahr. Er wendet diese Grundsätze auf die Fälle an, wo Jemand einen Boten oder eine öffentliche Anstalt, z. B. den Telegrafen, zum Abschlusse eines Vertrages verwendet und kommt zu dem Schlusse: In der That nehme ich keinen Anstand, den, der sich solcher Mittheilungs-Mittel bedient, schlechthin für die Zuverlässigkeit derselben verantwortlich zu machen. Weder der Bote noch der Telegraf gewähren die absolute Gewissheit der authentischen Uebermittlung der Erklärung, denn auch der zuverlässigste Bote kann einmal zerstreut sein oder etwas vergessen, und die Sicherheit der telegrafischen Mittheilung kann nicht blos durch das geringste Versehen eines Beamten, sondern auch durch Gewitter-Störung an der Leitung u. s. f. gefährdet werden.

Alle Jene, welche Jhering's neue Theorie geprüft haben, waren darin einig, sie, als dem positiven Rechte und der natürlichen Billigkeit zuwiderlaufend, zu verwerfen [1]): wenn wir aber selbst zugeben

---

[1]) Sintenis Civilrecht II. §. 96. Note 18 a, Busch a. a. O. — Die Stellen auf welche Ihering seine neue Theorie gründet sind: L. 8. §. 4 mandati; l. 25, §. 7 locati; l. 7 pr. nautae; l. 5, § 4. de obl. et act., und l. 23. §. 1. pro socio.
Alle diese Stellen sind aber sicherlich nicht geeignet, Ihering's Theorie besonders zu stützen: denn, die erste derselben erklärt die Mitvormünder für verantwortlich qui emere debuerunt, d. h. nicht weil sie selbst kaufen sollten, sondern weil sie darauf sehen sollten, dass der Kauf überhaupt abgeschlossen werde; die zweite bestimmt nur, dass wer eine Säule zu versetzen sich verpflichtet, nicht nur für das eigene Verschulden, sondern auch für dasjenige der von ihm zur Versetzung verwendeten Personen haftet. Der einzige Schluss der sich aus dieser Bestimmung ziehen lässt ist der, dass die Unternehmer irgend eines Transportmittels (z. B. die Verwaltung der Eisenbahnen, der Telegrafen, der Dampfschiffe), für das Verschulden ihrer Beamten verantwortlich sind, aber nicht, dass sie persönlich für das zu befördernde Gegenstand der bestimmten Person übergeben müssen. (Siehe weiter unten §. 54.) Aus der dritten geht hervor, dass der Schiffsherr für seine Subalternen haftet, da er sie auf eigene Gefahr und Wagniss anstellt; es erfolgt aber daraus nicht, dass derjenige, der Waaren zur See versendet, für das Verschulden des Schiffsherrn oder der Schiffer verantwortlich sei, wenn die Waaren nicht an ihren Bestimmungsort gelangen. Wie die vierte obiger

wollten sie sei richtig, so würde daraus doch noch nicht folgen, dass derjenige welcher den Telegrafen benützt, für das Verschulden der Telegrafenbeamten verantwortlich ist.

Welche sind denn jene Handlungen, welche wir selbst vollbringen müssen? Offenbar nur jene, deren persönliche Ausführung ausdrücklich oder stillschweigend vorausgesetzt wird. Es wird nun Niemand behaupten, dass in unserem Falle irgend eine Handlung nöthig sei, die man persönlich ausführen müsse, denn sonst könnte ja Niemand durch den Telegrafen einen Vertrag abschliessen.

Sehen wir nun, ob vielleicht der andere von Ihering aufgestellte Grundsatz, dass wer eine dritte Person mit der Ausführung irgend einer Handlung betraut, für ein Verschulden in der Wahl haftet, auf unseren Fall Anwendung finde.

Die Frage ist dann eigentlich die, ob in der Benützung des Telegrafen statt der Postanstalt, ein Verschulden liege. Ich will das nicht wiederholen was ich schon oben gesagt habe um nachzuweisen, dass darin kein Verschulden liegt; nur nebenbei will ich aber bemerken, dass die Behauptung Ihering's, dass weder der Telegraf noch der Bote eine volle Sicherheit für die Richtigkeit der Mittheilung liefern, zu viel und deshalb Nichts beweiset, denn die Irrthümer und Täuschungen, welche selbst bei den unter Gegenwärtigen durch mündliche Vereinbarung abgeschlossenen Verträgen entstehen, bezeugen mehr als zur Genüge, dass sich eine absolute Sicherheit, selbst durch mündliche Mittheilung, nicht erreichen lässt.

Wir erlauben uns auch noch folgende Betrachtung. Von Seite dessen, der den Telegrafen benützt um einen Auftrag zu geben, und desjenigen der denselben ausführt, findet eine Anerkennung der Eigenschaft des Telegrafen, dass er ein zuverlässiges Mittel der Mittheilung sei, statt, und der Mandator billigt, dadurch dass er den telegrafisch mitgetheilten Auftrag ausführt, die Wahl des Mittels durch welches er ihn erhielt. Es ist also nicht wahr, dass die Benützung des Telegrafen zum Abschluss von Verträgen, an und für sich ein Verschulden begründe: und da Niemand verpflichtet ist, einen Schaden gut zu machen, den er nicht verschuldet hat, so folgt daraus mit logischer Nothwendigkeit, dass in der Regel, der Aufgeber nicht verbunden ist die dem Adressaten widerfahrenden Nachtheile zu ersetzen.

§. 51. Der letzte Grund, um daraus die Verpflichtung des Aufgebers abzuleiten, den aus der unrichtigen Mittheilung der Depesche entstandenen Schaden zu ersetzen, wird von Koch in seinem Werke über Eisenbahnen vorgebracht.

Gesetzesstellen erklärt, ist diese Verantwortlichkeit des Schiffsherrn darin begründet, weil er durch Anstellung von untauglichen Personen in culpa ist: seine Verpflichtung entspringt also aus dem Verschulden. Dasselbe gilt für die letzte Gesetzesstelle, welche auch einem durch Verschulden zugefügten Schaden (damno, quod culpa praebuit) voraussetzt. Dass Jhering's Theorie eine unrichtige sei, geht auch aus der Betrachtung hervor, dass der Mandant dann nicht verantwortlich ist, wenn der Mandatar die Gränzen der Vollmacht überschreitet, selbst in dem Falle nicht, wenn ersterer persönlich hätte handeln können.

Er meint, der Aufgeber sei als ein Mandant anzusehen, der die Telegrafen-Verwaltung mit der Mittheilung einer Nachricht an einen Dritten, beauftragt; es sei gerade derselbe Fall wie wenn man einen Boten mit einer mündlichen Instruction zu einem Dritten sendet: wenn der Bote diese fehlerhaft niederschreibt, so hat der Auftraggeber, wenn nur die Beauftragung erwiesen ist, jeden aus der unrichtigen Mittheilung von Seite des Boten entstandenen Schaden zu tragen. Zur Stütze seiner Ansicht führt Koch folgenden Fall an. Sein Schwager hatte einem Berliner Banquier einen gewissen Auftrag telegrafisch ertheilt. Da nun der Telegrafist die Summa unrichtig angegeben, indem er statt 5000, 50,000 telegrafirt hatte, so war dem Beauftragten daraus ein erheblicher Schade entstanden. Er sagt nun, dass dieser Fall zu gar keinem Streite Anlass gab, da sich sein Schwager alsogleich von der ihm obliegenden Verpflichtung überzeugte, dem Banquier den aus der Erfüllung des erhaltenen Auftrages entstandenen Schaden zu ersetzen.

Darüber dass der Schwager Koch's so zartfühlend war, jeden Schaden zu ersetzen, lässt sich nichts sagen, besonders da er dazu vielleicht durch besondere, uns unbekannte Gründe und Rücksichten bewogen ward: aber dies Alles hat gar Nichts mit der Rechtsfrage zu thun. —

Hätte ich mein Urtheil über diesen Fall aussprechen müssen, so würde dasselbe gewiss nicht zu Ungunsten des Aufgebers gelautet haben, wenn nicht, selbstverständlich, besondere Umstände, von denen weiter unten die Rede sein wird, die Frage vielleicht geändert hätten.

Ich muss vor Allem bemerken, dass der mit der Telegrafen-Verwaltung abgeschlossene Vertrag ein Lohnvertrag ist, und dass darum der Vergleich mit dem Boten und mit dem Mandatare nicht ganz richtig erscheint. Wo wird man aber die von Koch angedeutete Vollmacht finden? Wenn man auch die Telegrafen-Verwaltung mit einem Boten in Allem und Jedem vergleichen wollte, so ist es durchaus nicht die Folge davon, dass der Aufgeber der Botschaft für die vom Boten begangenen Fehler verantwortlich sein müsse; es gilt vielmehr der entgegengesetzte Grundsatz, nach den Worten der Commentatoren: „Quidquid nuntius dicit vel facit, praeter vel contra commissionem, illud ipso jure nullum [1]). Wenn also der Bote, der keinen anderen Auftrag hat als die Briefe zu überbringen, Verträge abschliesst, oder Briefe verwechselt, oder diese fälscht, so folgt daraus dass der Absender denjenigen Personen gegenüber, welche durch den Boten in Irrthum geführt wurden, in keiner Weise haftet.

Wenn Jemand einem Menschen der sich für einen Boten ausgibt, Glauben schenkt, oder mit dem wirklichen Boten einen solchen Vertrag abschliesst, wozu derselbe nicht ermächtigt war, so verdankt er nur seiner Leichtgläubigkeit den etwa entstehenden Schaden, und

---

[1]) Lauterbach a. a. O. th. 51; Thöl Handelsrecht, §. 33; Reyscher und Busch a. a. O. Siehe § 8. Just. III. 26; fr. 5 Dig. mandati, fr. 5. §. 11 und 12. Dig. de inst. act.; Cost. 10 Cod. de procurat. lautend: „Si procurator officium mandati egressus est, id quod gessit, nullum domino praejudicium facere poterit."

er kann gewiss nicht gegen den Absender auftreten, mit welchem er das Geschäft abzumachen gedachte, gerade so wie dies auch derjenige nicht thun könnte, welcher mit Jemanden in Unterhandlungen tritt, der sich für eine andere Person ausgibt, oder der für einen Dritten, ohne dessen Auftrag, handelt [1]).

§. 52. Wenn wir das was wir in den vorhergehenden Paragrafen gesagt haben, zusammenfassen, so können wir also annehmen, dass wenn die Depesche durch Irrthum des Telegrafisten oder des Abschreibers an Jemanden adressirt wurde, für den sie nicht bestimmt war, oder wenn sie in irgend einem Hauptpunkte unrichtig wiedergegeben wurde, kein Vertrag zu Stande kommt.

Wenn das Telegramm mit dem Concepte nicht übereinstimmt, so ist nur dieses authentisch und jenes beweiset gar Nichts wider den Aufgeber.

Der Aufgeber kann nur für die Original-Depesche verantwortlich gemacht werden, er haftet weder für die getreue Mittheilung, noch für die Genauigkeit der Dechiffrirung, oder der Abschrift. Dies gilt nicht nur für jene Fälle wo Hauptpunkte unrichtig angegeben sind (denn hier kommt, wie gesagt, gar kein Vertrag zu Stande), sondern selbst dann, wenn die unrichtige Mittheilung nur unbedeutende Accessorien betrifft, da offenbar nur das von ihm herrührt, was im Concepte steht: für die grossen oder kleinen Unrichtigkeiten kann er nicht verantwortlich gemacht werden. Wenn folglich eine gefälschte oder unrichtige Depesche einem Dritten Schaden bringt, so kann dieser in der Regel nicht gegen den Aufgeber klagend auftreten, sondern es steht ihm höchstens nur eine actio wider den Telegrafisten oder die Telegrafen-Verwaltung zu.

Es frägt sich nun, ob der von uns aufgestellte Grundsatz keine Ausnahmen zulasse, das heisst, ob der Aufgeber niemals verpflichtet werden kann, dem Adressaten, den aus der unrichtigen Telegrafirung einer Depesche entstandenen Schaden zu vergüten. Ich werde versuchen, diese Frage im nächsten Paragrafen zu beantworten.

§. 53. Es gibt, meines Erachtens, nur zwei Fälle, in welchen der Aufgeber verbunden ist dem Adressaten Schadenersatz zu leisten, und zwar: erstens, wenn der Aufgeber Wag und Gefahr auf sich nahm, und dann, wenn er den vom Adressaten erlittenen Schaden verschuldet hat. Prüfen wir nun diese beiden Fälle etwas näher.

I. Der Aufgeber übernimmt Wag und Gefahr, wenn er dem Adressaten erklärt, dass er das, was ihm telegrafisch mitgetheilt wird,

---

[1]) Siehe die in der vorigen Note bezeichneten Stellen. Wenn, nach diesen, der Dominus, in der Regel, dadurch, dass der institor die Grenzen seines Auftrages überschreitet, nicht verpflichtet wird, so wird dies um so weniger dadurch geschehen, wenn der Bote die Willensäusserung eines Absenders nicht genau mittheilt, da der Bote in kein rechtliches Verhältniss mit dem Dritten tritt. Dieser kann wohl eine actio doli wider den Boten haben, wider den Absender hat er aber kein Klage, denn es konnte dadurch, dass der Bote den Willen des Absenders nicht genau ausdrückte, kein Vertrag zu Stande kommen, es fehlt mithin die Grundlage der Klage immer vorausgesetzt, dass kein Verschulden mit unterlaufe.

ohne Weiteres als seine Willens-Aeusserung ansehen solle. Diese Erklärung kann auf verschiedene Weise erfolgen: durch Mittheilung derselben in der Depesche selbst, durch ein separates Telegramm, durch Brief, oder durch eine vorausgehende, für eine besondere Gattung von Telegramme oder für alle, geltende Verabredung. Es kann auch wirklich geschehen dass Jemand, nach Berechnung der möglichen Vor- und Nachtheile, zu dem Schlusse kommt, es sei ein Gewinn wahrscheinlicher als ein Schaden, wenn er diese Haftpflicht übernimmt, und sonach den Adressaten ermächtigt, Alles das auszuführen was der Telegraf meldet.

Jedermann wird einsehen, dass in diesem Falle der Aufgeber für jede Unrichtigkeit in der Mittheilung einstehen muss und dass er darum verpflichtet ist, den etwa daraus erfolgten Schaden zu ersetzen.

Es ist nun zu sehen, ob man diese Absicht bei dem Aufgeber nicht manchesmal selbst dann voraussetzen kann, wenn er sie auch nicht ausdrücklich ausgesprochen hat; d. h. ob es Fälle geben könne, welche von uns als logisches Postulat anerkannt wissen wollen, dass sich der Aufgeber in denselben jedem Wagniss und Gefahr stillschweigend unterzogen hat.

Mir scheint es gerechtfertigt dies dann zu vermuthen, wenn der Aufgeber von dem Adressaten verlangt, er solle den Auftrag sofort ausführen, ohne Zeit dadurch zu verlieren, dass er besondere Vorsichtsmassregeln ergreift. Man kann aber in diesem Falle auch wirklich sagen, dass der Absender der Depesche stillschweigend den aus den eventuellen Unrichtigkeiten entstehenden Schaden auf sich genommen hat.

Es könnte hier Jemand noch weiter gehen und verlangen, dass der Aufgeber immer jede Wagniss und Gefahr auf sich nehme, indem der durch die mögliche unrichtige Telegrafirung entstehende Schaden, durch den Vortheil der Schnelligkeit aufgewogen wird. Wenn wir auch davon absehen, dass dieser Satz im positiven Rechte keine Stütze findet, so wollen wir nur bemerken, dass nicht nur der Aufgeber, sondern offenbar auch der Adressat von der schnellen Beförderung Vortheil zieht. Der Eine und der Andere schliessen den Vertrag durch den Telegrafen ab, Jeder sucht seinen Vortheil in demselben und wenn man schon von stillschweigend übernommener Gefahr sprechen will, so ist es gewiss, dass der Adressat, welcher nach Empfang des Telegrammes in Gemässheit dessen handelt, dieselbe auf sich nimmt, da er durch Nichts gehindert ist, sich entweder durch eine besondere Verabredung, oder durch Collationirung der Depeschen oder auf eine andere Art, sicherzustellen. Somit ist es erwiesen, dass eine stillschweigende Uebernahme von Wag und Gefahr von Seiten des Aufgebers nur für den Fall anzunehmen ist, wenn er dem Adressaten auftrug, keine Zeit mit Collationirungen, Wiederholungen der Depesche u. s. f., zu verlieren.

II. Der zweite Fall, in welchem der Aufgeber für den Schaden verantwortlich wird, ist jener, wenn er im Verschulden ist; und dieses tritt meines Erachtens nur dann ein, wenn er durch seine undeutliche Schrift den Irrthum des Telegrafisten veranlasst hat. Ich kann mir keinen anderen Fall denken, der den Telegrafisten sonst noch irreführen könnte.

Sehen wir nun, ob dem Adressaten, welcher durch die unrichtige Telegrafirung Schaden erlitt, oder dem Aufgeber, der laut des Abgesagten denselben manchesmal ersetzen muss, wider die Telegrafen-Verwaltung Regress-Ansprüche zustehen, oder nicht.

Verantwortlichkeit der Telegrafen-Verwaltung.

§. 54. Man kann, wie bereits im siebenten Kapitel nachgewiesen wurde, die Telegrafen-Verwaltung weder als Boten, noch als Mandatar des Aufgebers ansehen, da der mit derselben abgeschlossene Vertrag ein Lohnvertrag ist, gerade so wie jener, welcher mit Frächtern oder Schiffern über die Beförderung von Gütern zu Land oder zur See eingegangen wird. Die Telegrafen-Verwaltung ist, wie gesagt, der Briefpost sehr ähnlich. Wenn wir alle bereits angedeuteten gemeinschaftlichen Merkmale nicht weiter nennen, so genügt es schon, um die Aehnlichkeit festzustellen, wenn man bedenkt, dass sowohl die Telegrafen-Verwaltung als auch die Briefpost sich verpflichten, Etwas gegen eine durch den Tarif bestimmte Gebühr weiter zu befördern, und dass dadurch sowohl in dem einem als dem anderen Falle ein wahrer Frachtvertrag zu Stande kommt.

Wenn wir die Grundlage des Rechts-Verhältnisses zwischen dem Aufgeber und der Telegrafen-Verwaltung genau kennen, und von den Reglements, über welche wir weiter unten sprechen werden, absehen, so ist es wohl nicht schwierig, die Verpflichtungen und den Grad der Verantwortlichkeit der Telegrafen-Verwaltung und ihrer Organe kennen zu lernen; man möge nun die Frage auf Grund der allgemeinen Rechts-Principien, oder des römischen Rechtes, oder des französischen Code, oder nach den anderen neueren Gesetzbüchern erörtern und entscheiden wollen.

Bevor wir uns näher in Details einlassen, müssen wir die Verpflichtungen der Telegrafen-Verwaltung im Allgemeinen kennen lernen. Es ist vor Allem wohl unzweifelhaft, dass sobald die Telegrafen-Verwaltung eine Depesche übernommen hat, es nicht in ihrem Belieben liegt, dieselbe zu befördern, oder liegen zu lassen, oder aber sie an einen anderen Ort oder an eine andere Person zu richten, als vom Aufgeber bezeichnet wurde, oder die Beförderung zu verschieben, oder noch viel weniger den Inhalt zu ändern. Wenn hier die Gesetze schwiegen, so würde die gesunde Vernunft dafür sprechen. Schon der Umstand, dass eine mit der Leistung im Verhältniss stehende Zahlung erfolgt, beweiset an und für sich, dass die Telegrafen-Verwaltung eine Verpflichtung auf sich nimmt, deren Erfüllung durch das geleistete Entgelt erzweckt und gesichert werden sollte. Wenn nun die Depesche gar nicht oder nicht zur bestimmten Zeit, oder nicht an den bestimmten Ort, oder verstümmelt befördert wird, so erfüllt die Telegrafen-Verwaltung ihre Verpflichtung in Bezug auf den angedeuteten Zweck nicht. Es erfolgt daraus, dass wenn die nicht erfolgte Beförderung der Depesche, oder deren Verspätung, oder deren unrichtige Adresse, oder die Veränderung ihres Inhaltes aus einem Verschulden der Telegrafen-

Verwaltung entspringen, diese nach den ersten und allgemeinsten Rechts-Grundsätzen dafür verantwortlich sein muss. Ebenso unzweifelhaft ist es, dass die Telegrafen-Verwaltung gerade wie die Verwaltung der Post-Anstalt und der Eisenbahnen, für die von ihren Organen und Beamten begangenen Fehler haften muss (siehe die Note (¹) Seite 54).

§. 55. Diese allgemeinen Bemerkungen vorangesetzt, gehen wir nun auf die wichtigsten Einzelnheiten dieses Gegenstandes über.

Es frägt sich vor Allem: Ist die Telegrafen-Verwaltung ebenso wie jeder andere Locator operarum nur dann verantwortlich, wenn sie im Verschulden ist, oder wird sie stets mit der actio de recepto belangt werden können, wenn sie nicht die Verhinderung an der Erfüllung ihrer Verpflichtung durch höhere Gewalt nachweiset?

Nach den Grundsätzen des gemeinen Rechtes ist die Entscheidung sehr zweifelhaft, da die Schriftsteller untereinander nicht einig sind, ob man die Grundsätze des receptum nautarum auf alle Unternehmer von öffentlichen Transport-Anstalten, insbesondere auf Eisenbahnen und Postanstalten, anwenden könne, und weil der usus fori von Land zu Land hierin verschieden ist¹). Der Hauptgrund, der für die Nicht-Anwendung der actio de recepto auf unseren Fall spricht, ist der, dass die sehr strengen Bestimmungen juris praetorii für den Schiffsherrn, die Wirthe und Schank-Inhaber ganz spezieller Natur sind, auf ganz spezieller Grundlage beruhen, und deshalb nicht per analogiam auf Post, Eisenbahnen und Telegrafen ausgedehnt werden können.

Wenn man aber für das gemeine Privatrecht diesen milderen Grundsatz annimmt, so bleibt es dennoch unbestritten, dass nach dem Civilrechte die Verwaltungen der Post-Anstalten, Eisenbahnen, Telegrafen, kurz aller Beförderungsmittel für Personen oder Waaren, für jedes Verschulden haften müssen. So ist, mehr oder weniger ausdrücklich, in verschiedenen Stellen das Corpus juris entschieden; dies wird durch die beständige Praxis der Gerichte aller Länder, wo das römische Recht in Geltung ist, bestätigt, und von den hervorragendsten Schriftstellern gelehrt. Die Verwaltungen der Post-Anstalten und der Eisenbahnen sind zur diligentiam diligentis patris fami-

---

¹) Unter den Schriftstellern, welche die Grundsätze des receptum nautarum auch auf Frächter zu Land ausgedehnt wissen wollen, sind besonders nennenswerth: Leyser, Coccey, Stryck, Berger, Mühlenbruch, Mackeldey, Höpfner, Pöhls, Danz, Thibaut, Reyscher, Runde, Mittermayer und Andere; die entgegengesetzte Ansicht wird von Lauterbach, Struben, Vangerov, Sintenis, Müller, Koch und Anderen vertreten. Einige der ausgezeichnetsten practischen deutschen Juristen, z. B. Seuffert und Feust behaupten, dass in Deutschland die gerichtliche Praxis für die Anwendung der Grundsätze des receptum nautarum auf alle Unternehmungen von Transport-Anstalten sei. In diesem Sinne wurde von dem obersten Gerichte in Dresden mit Urtheil vom 3. Jänner 1849 entschieden; es ist aber auch zu beachten, dass andere deutsche Gerichte ihre Urtheile in entgegengesetzter Richtung gefällt haben, wie man dies aus der Sammlung von Entscheidungen von Strippelmann, Band IV Seite 91, entnehmen kann.

liae verpflichtet und haften deshalb auch für das leichteste Verschulden: und nur dann liegt kein Verschulden vor, si omnia facta sunt, quae diligentissimus quisque observaturus fuisset.

Wenn wir uns an die begründetere und mildere Absicht halten, so haften sowohl die Postanstalt als die Verwaltung der Eisenbahnen und Telegrafen für jeden Grad der culpa, selbst für die laevississima, aber nicht für den Zufall; folglich sind sie von jeder Verantwortung frei, wenn sie Alles das gethan haben, was diligentissimus quisque observaturus.

Trotzdem erscheint dieser Grundsatz durch verschiedene neuere Gesetzbücher und durch die Particular-Rechte verschiedener Staaten modificirt. Diese haben einzelnen oder allen Gattungen von Fuhrleuten eine solche Verantwortlichkeit übertragen, die derjenigen entspricht, welche ihnen zu Folge der strengeren Ansicht nach dem gemeinen Rechte obliegen sollte.

Es ist nun zu sehen, ob die in den verschiedenen Provinzen Italiens geltenden Gesetze den Fuhrleuten eine solche erhöhte Verantwortlichkeit auferlegen. Dies kann nicht anders als mit Ja beantwortet werden. Der Art. 1782 des Code Napoleon, welcher unverändert in alle italienischen Gesetzbücher, selbst in die Entwürfe der Ex-Minister Cassinis und Miglietti übergegangen ist, bestimmt, „**Landfuhrleute und Schiffer sind in Ansehung der Verwahrung und Erhaltung der ihnen anvertrauten Sachen den nämlichen Verbindlichkeiten unterworfen, wie die Gastwirthe, von denen in dem Titel: Von dem Hinterlegungs-Vertrage und der Sequestration, gehandelt wird.**" Da nun Artikel 1952 und folg. (auf welche sich Artikel 1782 bezieht), erklärt, dass Wirthe selbst für den Diebstahl der ihnen anvertrauten Gegenstände haften, wenn derselbe nur nicht mit gewaffneter Hand oder sonst unter Anwendung unwiderstehlicher Gewalt begangen wurde; da der Ausdruck Fuhrleute, wie die ersten Schriftsteller lehren, und die Gerichte öfters entschieden haben, im weitesten Sinne genommen ist, und auch Unternehmer von Eisenbahnen und Stellfuhren u. s. f. in sich begreift, so folgt aus Allem, dass nach dem französischen Gesetzbuche und seinen Nachbildungen, alle Unternehmer von Transporten zu Land und zur See immer für den Verlust der ihnen anvertrauten Gegenstände haften, wenn sie nicht das Vorhandensein unwiderstehlicher Gewalt nachweisen [1]). Noch entschiedener spricht sich der Code du Commerce aus: „Der Frachtführer haftet für den Verlust der zu transportirenden Gegenstände, jedoch mit Ausnahme der Fälle einer höheren Gewalt" [2]).

---

[1]) Diese Grundsätze sind dem Edicte des Prätors über die Verantwortlichkeit der Schiffer, Wirthe und Stabularii entnommen (L. 3. §. 1 Dig. IV. 9). Siehe Zachariae und Royscher a. a. O.

[2]) Art. 103 — Das noch gegenwärtig in der Lombardei und in den, der österreichischen Herrschaft unterstehenden Provinzen geltende bürgerliche Gesetzbuch enthält ähnliche Bestimmungen, wie man aus dem §. 970 in Verbindung mit §. 1316 und aus den §§. 1151—1153 ersehen kann. Siehe Zeiller Commentar zum B. G. B. §. 970, und Stubenrauch a. a. O.

Hier scheint mir eine gewichtige Einwendung möglich. Die Post, könnte man sagen, übernimmt keinerlei Verantwortlichkeit für den Fall des Verlustes eines nicht rekommandirten Briefes; wendet man diesen Grundsatz auf die telegrafischen Correspondenzen an, so folgt daraus, dass die Telegrafen-Verwaltung auch nicht für eine unrichtige oder gar nicht erfolgte Beförderung einer Depesche haftet. Diese Argumentation ist jedoch nicht richtig. Ich leugne gewiss nicht die vollkommene Aehnlichkeit, welche zwischen Post und Telegrafen besteht, erkenne, sie vielmehr bereitwilligst an, aber gerade diese Aehnlichkeit spricht nicht gegen, sondern für unsere Ansicht.

Wenn wir auch ganz davon absehen wollten, dass der Post-Beamte bei Beförderung von Briefen nur eine ganz untergeordnete Rolle spielt, während der Telegrafen-Beamte einen höchst wichtigen und direkten Einfluss auf die Depesche ausübt, da er sie selbst nach dem Concepte zusammenstellt, so bleibt es doch unbestritten, dass wenn die Post-Verwaltung für die nicht rekommandirten Briefe keine Verantwortlichkeit übernimmt, dies nur aus dem gewichtigen Grunde geschieht, weil die nicht rekommandirten Briefe nicht einmal verzeichnet werden, so dass der Beweis, ein bestimmter, angeblich in Verlust gerathener Brief sei wirklich aufgegeben worden, gar nicht herzustellen ist. Wenn die Post für diesen Fall verantwortlich sein sollte, wie viele Missbräuche, Verwirrungen und Verlegenheiten würden nicht daraus entspringen! Dies ist aber bei den Telegrammen nicht der Fall; diese werden in besondere Bücher verzeichnet, der Aufgeber erhält darüber einen Aufgabsschein, und der Adressat muss den Empfang bestätigen. Wie Jedermann einsieht, geschicht dasselbe bei den telegrafischen Depeschen wie bei den rekommandirten Briefen. Wenn man die in unserem Staate für die Post geltenden Vorschriften auf die Telegrafen anwenden wollte, so würde die Telegrafen-Verwaltung, weit entfernt, von jeder Verantwortlichkeit befreit zu sein, den betreffenden Parteien einen entsprechenden Ersatz leisten müssen, und zwar nur mit Ausnahme jener Fälle, wo sie nachweisen könnte, dass die regelmässige Beförderung in Folge einer vis major vereitelt wurde.

§. 56. Gehen wir nun zu einer anderen wichtigen Frage über. Wird die Telegrafen-Verwaltung auch die verzögerte Beförderung einer Depesche verantworten müssen? Wir übergehen auch hier die Bestimmungen der Reglements für die Telegrafen-Verwaltungen, welche wie wir weiter unten sehen werden, jede Verantwortung derselben ausschliessen, und halten uns nur an die rechtsphilosophischen Grundsätze und an jene des allgemeinen Privatrechtes.

Einer der ersten Rechtsgrundsätze ist, dass wenn Jemand mit der Erfüllung seiner Verbindlichkeiten in mora ist, er den daraus entstehenden Schaden ersetzen muss; und dieser Grundsatz findet auf alle Verträge, somit auch auf das Frachtgeschäft, seine Anwendung. Wenn es nun den gewöhnlichen Fuhrleuten nicht gestattet ist, den Transport der ihnen anvertrauten Waaren zu verzögern, so ist dies viel weniger der Willkür derjenigen, welche telegrafische Depeschen zu befördern haben, überlassen, weil nach dem Wesen der telegrafischen

Correspondenz jeder Zeitverlust ausgeschlossen sein soll. — Wenn also eine Verzögerung in der Beförderung oder Zustellung einer Depesche durch Verschulden der Telegrafen-Verwaltung oder ihrer Beamten eintreten sollte, so ist es wohl unzweifelhaft, dass dieselbe dafür haften muss. Wichtig wäre es aber, den Zeitpunkt zu bestimmen, in welchem man die Telegrafen-Verwaltung als in mora befindlich und an der Verzögerung schuldtragend, bezeichnen könnte. Offenbar kann man hier nicht die für Post-Anstalten oder Eisenbahnen geltenden Normen anwenden, weil für diese Anstalten bestimmte Ankunfts- und Abfahrtsstunden bestimmt sind; man wird deshalb nur auf die nöthige mittlere Zeit zur Beförderung der Depesche, auf den grösseren oder geringeren Zudrang von Parteien, auf die directe oder indirecte Verbindung mit der Ankunfts-Station u. s. w. Rücksicht nehmen müssen.

Es versteht sich von selbst, dass, wenn die Verzögerung weder durch Verschulden der Telegrafen-Verwaltung, noch ihrer Beamten, sondern durch unwiderstehliche Gewalt herbeigeführt wurde, es absurd wäre, erstere zur Verantwortung ziehen zu wollen. Die Frage dreht sich demnach um den Punct, ob es dem Correspondenten obliege, das Verschulden der Telegrafen-Verwaltung, oder nicht vielmehr dieser das Gegentheil zu beweisen. Hierüber wird der nächste Paragraf Aufschluss geben.

§. 57. Die dritte Frage ist also die, ob für den Fall der verspäteten oder unrichtigen Beförderung einer Depesche es dem Beschädigten obliege, den Beweis über das Verschulden der Telegrafen-Verwaltung zu liefern, oder ob man für diesen Fall nicht das Verschulden der letzteren insolange voraussetzen muss, bis sie den Nachweis bringt, dass die Verspätung oder die unrichtige Mittheilung einer Depesche und der daraus entspringende Schaden von dem Correspondenten selbst, oder durch äussere, von ihr unabhängige Einwirkungen, herbeigeführt worden sind.

Die Antwort kann, meines Erachtens, keinen Augenblick zweifelhaft sein, besonders wenn man die Aehnlichkeit zwischen Post und Telegrafen anerkennt, und nach unseren civil- und handelsgerichtlichen Bestimmungen entschieden wird. Denn sowohl die Post-Anstalt als die Eisenbahnen, und im Allgemeinen alle Unternehmer von Transport-Anstalten werden so lange als in culpa befindlich angesehen, bis sie nicht die vis major nachweisen. Der Fuhrmann, sagt treffend Zachariae, wird so lange als schuldtragend angesehen, bis er nicht das Gegentheil nachweiset. Es genügt nicht, sagt er, dass er den Beweis liefere, dass der Verlust der Waaren durch Zufall erfolgte, er muss noch nachweisen, dass er diesen Zufall nicht veranlasst habe [1]). Diese Grund-

---

[1]) Mougalvy et Germain, über den Art. 103 des Code C.; Reyscher a. a. O., und Zachariae §. 709, Noten 10, 11, 13; Cass. 2 thermid. Jahr VIII, und 21 thermid. J. X, 20 vent. J. XIII.; 6. Dezbr. 1814, 24. Febr. 1820, Metz 18. Juni 1815, 16. Febr. 1816, Rennes 21. Dezemb. 1824, Bordeaux 4. Mai 1848, 19. Mai 1850. Dieselben Grundsätze sind durch die für die Postanstalt geltenden Gesetze in unserem Staate ausdrücklich anerkannt.

sätze sind allgemein in Theorie sowie in der Praxis angenommen, und entsprechen den Anforderungen der Vernunft und Billigkeit, besonders aber jenen des Handels. Denn müsste der Beschädigte das Verschulden der Post- oder der Telegrafen-Verwaltung nachweisen, so würden solche Schwierigkeiten dagegen obwalten, dass dies einer Abwälzung jeder Verantwortlichkeit fast gleichkäme. Andererseits besteht auch der Grundsatz, dass derjenige, der die Verpflichtung Etwas zu thun (wie in diesem Falle die Telegrafen-Verwaltung), übernahm, und seiner Verpflichtung nicht genau nachgekommen ist, den entstandenen Schaden und entgangenen Gewinn ersetzen muss, wenn er nicht zu seiner Entschuldigung besondere Gründe geltend macht. Es liegt also der Telegrafen-Verwaltung ob, diese ihr zum Vortheil gereichenden Gründe und Umstände nachzuweisen, um von der Verantwortlichkeit frei zu sein.

§. 58. Nachdem wir die allgemeine Regel über die Verantwortlichkeit der Telegrafen-Verwaltung für die Beförderung einer Depesche aufgestellt haben, entsteht nun die weitere Frage, ob sich diese Haftpflicht blos auf diejenigen Beschädigungen erstrecke, welche auf den eigenen Linien erfolgt sind, oder auch auf die, welche auf den ausser ihrem Gebiethe bestehenden Leitungen eintraten. Setzen wir den Fall: Titius übergibt bei der Station Turin eine an Cajus in London gerichtete Depesche, welche bei ihrer Beförderung durch Frankreich eine Abänderung erleidet [1]). Ist die Telegrafen-Verwaltung unseres Königreiches für den, durch die Nachlässigkeit der französischen Telegrafen-Beamten herbeigeführten Schaden verantwortlich? Nach meiner Ansicht hat die Telegrafen-Verwaltung für das Verschulden der auswärtigen Telegrafen-Aemter, denen sie die Beförderung und Zustellung der Depesche anvertraut hat, gerade so zu haften, wie der Frächter für den von ihm gewählten mit der Beförderung der Waaren betrauten Fuhrmann einzustehen hat.

Der Aufgeber schliesst in Wirklichkeit nur mit der Telegrafen-Verwaltung der Aufgabs-Station den Vertrag, dessen Zweck die Beförderung der Depesche an einen bestimmten Ort ist, ab. Wenn man den Aufgeber verhindern wollte, sich in jedem Falle an diejenige Telegrafen-Verwaltung zu halten, mit welcher er den Vertrag geschlossen hat, und ihn an jene wiese, welche im Verschulden ist, so wäre er gezwungen, an fernen Orten, mit Kosten und Verlust verbundene Prozesse zu führen; und in den meisten Fällen wäre es ihm unmöglich, die genaue Spur des begangenen Irrthumes zu entdecken, um dann den Ersatz verlangen zu können. Es erleichtert sich Alles, wenn man in jedem Falle die Verantwortlichkeit auf die Telegrafen-Verwaltung des Aufgabs-Ortes schiebt, da die Verwaltungen unter sich durch Verträge und Haftungs-Erklärungen gegenseitig verbunden sind, die Nachweisungen über die gegenseitige Uebernahme der Depeschen in Händen haben, und sehr leicht das Regressrecht, bei Gelegenheit der periodischen Verrechnungen, gegeneinander ausüben können.

§. 59. Eine andere Frage ist folgende: Welche Klage können die Correspondenten wider die Telegrafen-Verwaltungen anstrengen, um

---

[1]) Siehe den oben Seite 44 angeführten Fall.

den Ersatz des durch das Verschulden der letzteren verursachten Schadens zu erlangen?

In jenen Ausnahmsfällen, in welchen der Adressat von dem Aufgeber den Ersatz des Schadens fordern kann, biethet die Frage keine Schwierigkeit, da der Aufgeber wider die Telegrafen-Verwaltung die Vertrags-Klage anstrengen kann; wenn aber, wie dies regelmässig der Fall ist, der Adressat kein Recht auf einen Schadenersatz von Seiten des Aufgebers hat, mit welcher Klage kann er jetzt die Telegrafen-Verwaltung belangen, mit der er ja keinen Vertrag abgeschlossen hat? Setzen wir den Fall, dass die Telegrafen-Verwaltung durch ein Versehen dem Adressaten die Depesche nicht übermittelt hat, und dass ihm daraus ein Schaden erwachsen sei: Welche Klage wird er haben?

Man wird vielleicht sagen, der Adressat habe ein Eigenthumsrecht auf die an ihn gerichtete Depesche. Dies erweiset sich aber als unrichtig, schon nach der Betrachtung, dass der Aufgeber nicht nur befugt ist, das Conzept der Depesche vor erfolgter Telegrafirung wieder zurück zu nehmen, sondern auch verlangen kann, dass eine bereits abtelegrafirte Depesche dem Adressaten nicht zugestellt werde.

Setzen wir noch den Fall, dass die Telegrafen-Verwaltung die Depesche befördert habe, jedoch nicht zur gehörigen Zeit, oder in veränderter Form, und dass dem Adressaten dadurch ein Schaden erwachsen sei: wie wird er den Ersatz desselben ansprechen? Es versteht sich von selbst, dass wir von dem Falle der absichtlichen Beschädigung absehen, denn hier hätte ja der Beschädigte wider den Beschädiger ein Klagsrecht aus der Thatsache der böswilligen Beschädigung; wir betrachten nur jenen Schaden, welcher durch Ungeschicklichkeit, durch Nachlässigkeit oder Versehen des Telegrafisten, kurz durch culpa laevis entstanden ist. — Es frägt sich nun, ob und welche Klage dem Adressaten zustehe?

Hier muss man unterscheiden: entweder wurde die Depesche dem Adressaten gar nicht zugestellt, oder sie wurde ihm zugestellt, aber in unrichtiger Abfassung, oder verspätet.

Im ersten Falle muss sich der Adressat, wenn er auftreten will, da er kein directes Klagsrecht hat, die Klage von dem Absender abtreten lassen; im zweiten aber, wo eine Uebergabe und Uebernahme des Telegrammes stattfand, ist das Rechtsverhältniss ein weiteres und da der Adressat das Eigenthum an der Depesche erworben hat, so steht ihm auch das Recht zu, wegen der Unrichtigkeiten oder wegen der Verspätung wider die Telegrafen-Verwaltung vorzugehen und sich den erlittenen Schaden ersetzen zu lassen, ohne dass es nöthig sei, dass ihm der Aufgeber sein Klagsrecht abtrete.

Dieser Grundsatz entspricht der Natur der Sache und den gemeinrechtlichen Principien, und findet überdies eine indirecte Stütze in den Post-Reglements unseres Königreiches, welche bestimmen, dass für den Fall des nicht durch vis major herbeigeführten Verlustes eines Briefes, die Post-Verwaltung dem Adressaten eine Entschädigung dafür leisten müsse.

Jene Klagsrechte, welche dem Absender oder Adressaten wider

die Telegrafen-Beamten zustehen könnten, werden weiter unten in Betrachtung gezogen werden.

§. 60. Bei der Besprechung der Haftpflicht der Telegrafen-Verwaltungen habe ich mehrmals daran erinnert, dass ich nur die allgemeinen Rechtsgrundsätze und das Civilrecht im Auge behielt, und dass ich von den ausdrücklichen Bestimmungen der im Staate geltenden Reglements und der internationalen Verträge vollständig absah. Es ist nun zu erörtern ob diese Reglements, welche weder den filosofischen Rechtsgrundsätzen, noch dem Civilrechte, noch den allgemeinen juristischen Anforderungen, noch der Billigkeit entsprechen, Gesetzeskraft haben, und ob der Richter dieselben bei Entscheidung der bezüglichen Rechtsfragen beachten müsse: oder ob dies nicht der Fall sei, und dem Richter also freier Spielraum gelassen sei, nach dem allgemeinen Rechte zu entscheiden.

Sehen wir also was das Reglement für die telegrafische Korrespondenz der Privatpersonen im Inneren des Staates bestimmt.

Wir lesen: Art. 31. „Die Regierung wird alle zur Wahrung des „Geheimnisses über die telegrafischen Korrespondenzen, und zur Förderung „des ordentlichen Dienstbetriebes nöthigen Massregeln ergreifen: sie „übernimmt aber gar keine Schaden-Ersatz- oder anderweitige Haftung."

Art. 36: „Eine Rückzahlung der Gebühren findet Statt, wenn die „Depesche in Folge mangelhaften Betriebes an den Bestimmungsort „gar nicht, oder später als ein Schreiben durch die Post hingelangt „wäre, ankommt, oder in dem Falle, wenn sie so verstümmelt anlangt, „dass sie ihren Zweck nicht erfüllen kann, eine rechtzeitige Berichtigung „aber nicht zu ermöglichen gewesen ist. Diejenige Verwaltung, auf „deren Leitungen oder Stationen die Verspätung oder der Irrthum „stattfand, wird den ganzen Ersatz leisten. Jene Verspätungen, welche „bei der Beförderung ausserhalb der Telegrafen-Leitungen auf der Post, „durch Boten oder Stafette eintreten, bewirken die Erstattung der „Gebühr nicht."

Vollständig gleichlautende Bestimmungen enthält der Staats-Vertrag, Art. 5 und 31.

Jedermann ersieht, dass die von uns entwickelte Theorie über die Verantwortlichkeit der Telegrafen-Verwaltungen, im directen Widerspruche mit dem Wortlaute und Geiste der deutlichen und entschiedenen Bestimmungen der Reglements ist. Welche werden die praktischen Folgen davon sein? Werden wir uns damit begnügen müssen, zu verlangen, dass die Regierung die Reglements ändere, um sie mit dem allgemeinen Rechtsgrundsätzen in Uebereinstimmung zu setzen, oder ist nicht vielmehr guter Grund vorhanden, um zu behaupten, dass die bezeichneten Bestimmungen ganz und gar nicht bindend sind, oder doch wenigstens nicht die Haftpflicht der Telegrafenbeamten ausschliessen? Diese Fragen werden wir in den folgenden Paragrafen zu entscheiden suchen.

§. 61. Angenommen, aber nicht zugegeben, jene Bestimmungen hätten Gesetzeskraft — wird nun den betheiligten Partheien gar keine Klage wider die schuldtragenden Beamten zustehen? damit, dass die

Verwaltung erklärt hat, gar keine Verantwortlichkeit für den entstandenen Schaden zu übernehmen, und für die Verspätungen und Verstümmlungen der Depeschen, wenn sie aus der bösen Absicht oder Fahrlässigkeit ihrer Beamten herrühren, nicht zu haften, hat sie gewiss noch nicht ausgesprochen, dass diese von jeder Verantwortung frei sein sollen; es steht demnach Nichts im Wege, gegen dieselben nach den Grundsätzen des bestehenden Civilrechtes vorzugehen. Nur liesse sich hier einwenden: die Partheien schliessen den Vertrag mit der Telegrafen-Verwaltung, nicht mit den Beamten, ab: sie können sich also im Falle einer Beschädigung nur an jene, nicht an letztere, halten.

Nichts ist aber leichter, als diese Einwendung zu widerlegen. Zugegeben, dass wenn Jemand eine Depesche aufgibt, er mit der Telegrafen-Verwaltung und nicht mit den Beamten derselben, unterhandelt; was hat das mit unserer Frage zu thun? Die einzige daraus mögliche Folgerung wäre die, dass der Beschädigte kein directes Klagerecht aus dem Vertrage wider die Beamten hat, wer wird aber behaupten wollen, er habe gar kein Klagerecht? Alle neueren Gesetzbücher entscheiden, in Uebereinstimmung mit dem römischen Rechte und mit den filosofischen Rechtsgrundsätzen, dass wer durch eigenes Verschulden Jemand Schaden zufügt, diesen ersetzen müsse*). Um eine Klage auf Schadenersatz anstrengen zu können, ist es nicht nöthig dass der Beschädiger mit dem Beschädigten im Vertrags-Verhältnisse stehe: es genügt den Nachweis zu liefern, dass der Schaden durch irgend ein Verschulden von Seite des Ersteren herbeigeführt worden ist, da hier der bekannte Grundsatz gilt: in lege aquilia et laevissima culpa venit.

Was den Aufgeber anbelangt, halte ich es für ihn nicht für unbedingt nothwendig, die actio ex lege aquilia anzustrengen, sondern er kann sich von der Telegrafen-Verwaltung die derselben wider ihre schuldtragenden Beamten zustehende Klage cediren lassen.

Ich gehe sogar noch weiter und behaupte, dass hier einer der Fälle der rechtlichen Fiction der Klags-Abtretung eintritt, und dass dem Aufgeber, welcher durch das Verschulden eines Telegrafenbeamten Schaden erlitten hat, wider denselben eine actio utilis tamquam cessa, zusteht.

Jedenfalls können also sowohl der Aufgeber, als der Adressat, wenn sie durch Verschulden eines Telegrafenbeamten zu Schaden gekommen sind, den Ersatz desselben verlangen.

§. 62. Bei derselben Voraussetzung bleibend, nämlich dass obige Bestimmungen keine Gesetzeskraft haben, ist nun die Frage zu erörtern, ob die Telegrafen-Verwaltung selbst im Falle des dolus oder der culpa lata von jeder Haftung entbunden sei, oder ob dies nur für den Fall der laevis culpa gelte?

---

*) Dieser Grundsatz ist besonders in dem noch in der Lombardie geltenden öst. allg. Gesetzbuche (§. 1295) gut ausgedrückt: „Jedermann ist berechtigt, von dem Beschädiger den Ersatz des Schadens, welchen dieser ihm aus Verschulden zugefügt hat, zu fordern; der Schade mag durch Uebertretung einer Vertragspflicht oder ohne Beziehung auf einen Vertrag verursacht worden sein."

Wie wir weiter unten sehen werden, bestreiten die neueren Rechtslehrer, insbesondere die Französischen, den Satz, dass sich Unternehmer öffentlicher Transport-Anstalten der Haftpflicht für den aus Verschulden (selbst wenn dieses ein leichtes wäre) entstandenen Schaden entziehen können. Wenn man aber selbst dieser strengen Ansicht nicht beistimmen wollte, so wird doch Jedermann mit uns darin übereinstimmen, dass sich Niemand der Verpflichtung entziehen kann, für dolus und culpa lata zu haften, weil dies ungerecht, unmoralisch, dem allgemeinen Vertrauen und der öffentlichen Ordnung zuwider wäre, und mit allen alten und neueren Gesetzen im Widerspruche stünde, wie folgende Stellen beweisen:

L. 1. §. 7. Dig. 16. 3.: „Illud non probabis, dolum non esse praestandum, si convenerit, nam haec conventio, contra bonam fidem contraque bonos mores est, et ideo nec sequenda est."

L. 23. Dig. 50. 17.: „..... non valere, si convenerit, ne dolus praestetur, hoc enim bonae fidei judicio contrarium est."

L. 27. §. 3. Dig. 11., 14. „Illud nulla pactione effici potest, ne dolus praestetur."

L. 17. pr. Dig. 13. 6.: „In commodato haec pactio, ne dolus praestetur, rata non est."

L. 1. §. 1. Dig. 11. 6.: „Lata culpa plane dolo comparabitur."
L. 1. §. 2. Dig. 47. 4.: „Culpa dolo proxima dolum repraesentat."
L. 29. Dig. 17.: 1. „Dissoluta negligentia prope dolus est."

Aus allen diesen Stellen geht hervor, dass die Klausel, durch welche sich die Verwaltung des Telegrafen oder einer andern Anstalt auch für den Fall der bösen Absicht oder auffallenden Sorglosigkeit, frei von jeder Haftung erklärt, schon an und für sich null und nichtig ist; und ist die Telegrafen-Verwaltung, z. B. bei der Anstellung ihrer Beamten zu leichtsinnig vorgegangen, so kann sie kein Reglement von der Verpflichtung befreien, den aus dieser unverzeihlichen Nachlässigkeit entstandenen Schaden zu ersetzen. Wenn mir Jemand einwenden wollte, dass in dem Falle, wo durch einen Fehler im Dienste, eine Depesche gar nicht an den Bestimmungsort anlangt, die Verwaltung durch die Zurückzahlung der bezogenen Gebühr jeder ihr obliegenden Verpflichtung schon nachgekommen ist: so würde ich darauf zur Antwort geben, dass dies eine selbstverständliche Verpflichtung sei, weil die Gebühr zu dem Ende bezahlt worden ist, um einen entsprechenden Dienst zu erzwecken, welcher dann nicht geleistet wurde; dass diese Zurückzahlung selbst dann Pflicht der Telegrafen-Verwaltung sei, wenn diese nicht im Verschulden ist, und sogar dann wenn den Partheien dadurch nicht nur kein Schaden, sondern vielleicht selbst bedeutender Vortheil erwachsen wäre.

Man kann also offenbar eine solche Zurückzahlung nicht als einen Schaden-Ersatz, sondern nur als Rückstellung einer indebite besessenen Sache ansehen [*]).

---

[1]) Siehe **Reyscher** a. a. O.

§. 63. Aus allen diesen Betrachtungen geht klar hervor, dass wenn man auch jenen Bestimmungen, welche die Telegrafen-Verwaltung von jeder Haftung entbinden, Gesetzeskraft zuschreiben wollte, diese nie für den Fall der bösen Absicht oder der groben Fahrlässigkeit, und niemals zu Gunsten der schuldtragenden Beamten, Anwendung finden können.

Es ist nun zu prüfen, ob jene Bestimmungen wirklich Gesetzeskraft haben. — Hier muss ich bemerken, dass nur die Liebe zur Wissenschaft und zur Wahrheit mich bewogen haben, einen so heiklichen Punct zu berühren; ich würde gewiss darüber hinausgehen, wenn ich nicht vollkommen überzeugt wäre, dass diese Bestimmungen jedem Rechts- und Billigkeits-Grundsatze zuwiderlaufen und überdies dem Handel sehr schädlich, der allgemeinen Moralität widerstrebend und derart sind, dass sie die Regierung im eigenen Interesse umändern muss.

Wie wir schon im §. 3 bemerkt haben, giebt es keine Quellen des Privat-Telegrafen Rechtes; und unter jenen des öffentlichen Rechtes und der Verwaltung, die auf das Civil- oder Handelsrecht Bezug haben könnten, wurden speciell die drei nachfolgenden aufgeführt:

1. Der Staats-Vertrag über die telegrafischen Korrespondenzen;
2. Das Reglement für die telegrafische Korrespondenz der Privatpersonen innerhalb der Gränzen des Staates; und:
3. Das Reglement für den Betrieb der Staatstelegrafen.

Der Staats-Vertrag bestimmt das Rechts-Verhältniss zwischen den verschiedenen Telegrafen-Verwaltungen unter einander; das Reglement für die telegrafische Korrespondenz regelt das Rechts-Verhältniss zwischen der Telegrafen-Verwaltung und den Privatpersonen; das Reglement für den Betrieb ertheilt den Telegrafenbeamten die von ihnen zu befolgenden Instructionen. Uebrigens, ebenso wie das Reglement für die telegrafische Korrespondenz im Innern des Reiches sehr viele Bestimmungen des Staats-Vertrages wiedergibt, so enthält auch dieser die Hauptpuncte des Reglements, und die Grundsätze zur Bildung des Tarifes.

Es liegt im Wesen der Staats-Verträge, dass sie nur für die Vertragschliessenden Staaten bindend sind, und darum als solche keine Aenderungen im Rechte und in der Gesetzgebung der einzelnen Staaten hervorbringen, erstens, weil sie nur die internationalen Verhältnisse im Auge haben, und die inneren nicht berühren, und dann, weil zur Einführung besonderer Gesetze gewisse Formalitäten nöthig sind, ohne welchen sie keine Gültigkeit haben können. In unserem Staate ist es der König, welcher Bündnisse eingeht, oder Handels- und sonstige Verträge abschliesst: aber solche Staatsverträge können ohne Genehmigung der Kammern die Geltung als Gesetze für das Innere des Staates, insbesondere in privatrechtlicher Beziehung, nicht erlangen. (Statut, Art. 3 und 5.)

Dasselbe gilt bezüglich der eigenen Reglements der Telegrafen-Verwaltungen. Der Minister der öffentlichen Bauten kann nicht das Telegrafenrecht nach Gutdünken ändern, und die Form des königl. Dekretes ist dort nicht genügend, wo es sich darum handelt privatrechtliche Grundsätze aufzustellen, oder die bestehenden zu modificiren. Wie gesagt, steht das Recht Gesetze zu geben der **Executiv-Gewalt nicht zu**: und gerade die Bestimmungen über die rechtliche Gültigkeit und die Wirkungen der Verträge, die Haftung und Verantwortlichkeit für Fälle der Beschädigung u. s. f. **sind nicht Gegenstand eines Verwaltungs-Reglements, sondern nur eines Gesetzes** [1]).

§. 64. Ich muss mich jedoch hier mit der möglichen Entgegnung beschäftigen, nämlich dass eigentlich Niemand behauptet, dass die in den Reglements für die Telegrafen enthaltenen Bestimmungen Gesetzeskraft haben, dass sich aber Jedermann, der den Telegrafen benutzt, dadurch stillschweigend jenen Bedingungen unterwirft, und dass sich so das Vertrags-Verhältniss zwischen der Telegrafen-Verwaltung und den Korrespondenten bildet. Die Entgegnung darauf ist leicht: es scheint mir ganz sonderbar, absurd, dass man die in der Natur des Vertrages enthaltene Hauptverpflichtung, das Telegramm an seinen Bestimmungsort unverändert und unverzüglich zu befördern, **stillschweigend** beseitigen könne. Dieses stillschweigende Einverständniss der Privatpersonen kann man um so weniger in unserem Falle voraussetzen, weil den Meisten unbekannt ist (denn wer könnte es vermuthen?) dass die Telegrafen-Verwaltung sich jener Haftung entschlagen hat, welcher sich keine Privatperson entziehen kann. Es ist aber offenbar, dass man eine stillschweigende Einwilligung nicht ultra factum ausdehnen, oder auf Etwas gar nicht Gedachtes beziehen kann. Wenn wir aber selbst annehmen wollten, dass der Privatmann jene Bestimmungen gekannt habe, so wäre die Verwaltung trotzdem noch immer haftungspflichtig, da es, wie die berühmtesten Schriftsteller lehren, und wie viele Judicate entscheiden, nicht in dem Belieben des Unternehmers öffentlicher Transport-Anstalten liegt, sich durch Uebereinkommen von der gesetzlich bestimmten Haftung zu befreien, nach dem bekannten Grundsatze, dass Privatpersonen durch Verträge oder Verabredungen jene Gesetzesbestimmungen nicht abändern können, welche die öffentliche Ordnung und die Sittlichkeit aufrecht zu erhalten bestimmt sind. Der Fuhrmann, bemerkt Zachariae, ist auch dann verantwortlich, wenn er selbst öffentlich angekündigt hätte, keine Verantwortlichkeit zu übernehmen, da Niemand einen Vertrag mit der Klausel schliessen kann, für sein Verschulden nicht zu haften [2]). Wenn ein Fuhrmann nicht

---

[1]) Siehe Reyscher a. a. O.
[2]) Cass. 21. Jänner 1807; Aix 6. August 1823; Cass. 11. Jänner 1842 Alger 16. Dezb. 1846; Donai 17. März 1847; Pardessus N. 542; Dalloz No. 342 und folg.', Troplong, Louage No. 942. Auch in Baden und den Rheinprovinzen, wo der Code Napoleon gilt, folgt die Praxis denselben Grundsätzen. (Urtheil des 2. Senates des Rhein. Appelhofes vom 29. Jänner 1857); Archiv für Rechtsfragen von Streithorst XV. Bd., Seite 340, XXIX Band, Seite 39; Beschorner im Arch. f. d. c. P., Bd. 41, Seite 403; Reyscher a. a. O. — Auch in England und in Amerika ist man mit den Unternehmern öffentlicher Transport-Anstalten, besonders mit Eisenbahn-Verwaltungen, sehr streng. Siehe über diesen Punct die sehr in-

stipuliren kann, keine Haftung zu übernehmen, um so weniger wird die Telegrafen-Verwaltung diesen Vorbehalt für sich geltend machen können, weil bei uns die Telegrafie ein Staatsmonopol ist, und deshalb für den Privaten eine Wahl unter mehreren Telegrafen nicht möglich ist. — Ich komme sonach zu dem Schlusse, dass, wenn es zwischen Privatpersonen und der Telegrafen-Verwaltung zu Streitigkeiten kommt, der Richter bei der Entscheidung, durch die Reglements, welche den Staatsgesetzen zuwider laufen, ganz und gar nicht gebunden ist.

Anträge und Rathschläge.

§. 65. In der löblichen Absicht, die Benützung der Telegrafen zu erleichtern, und den Handel zu fördern, haben die Regierungen fast überall den Tarif herabgesetzt. Die Herabsetzung der Gebühren ist aber für sich allein nicht genügend, den Handel dadurch in Aufschwung zu bringen, wenn man nicht zugleich auch für die sichere Beförderung der Depeschen sorgt. Obwohl das Reglement für die telegrafische Korrespondenz in unserem Staate in dieser Beziehung manche nützliche Bestimmungen enthält [1]), die man in den Reglements anderer Staaten umsonst suchen würde, so erachte ich es dennoch für nöthig zu beantragen, dass noch folgende hinzugefügt werden sollen.

1. In dem Falle wenn Jemand für einen Dritten eine Depesche zu befördern verlangt, müsste er den von der bezeichneten Person erhaltenen Auftrag durch eine Vollmacht nachweisen.

2. Wenn Jemand in einem Briefe die Beförderung einer Depesche fordert, sollte der Telegrafenbeamte nur dann den Auftrag erfüllen, wenn ihm die Unterschrift des Aufgebers bekannt — oder wenn sie regelmässig legalisirt ist. —

3. Die vom Art. 21 bezeichnete taxative Aufzählung der Worte,

---

teressante Abhandlung von Mittermayer im 41. Bande des Arch. f. d. c. P. — Die oben angegebenen Grundsätze sind auch in den neuesten Entwurf eines Handelsgesetzbuches für Deutschland aufgenommen worden.

[1]) Folgende sind die bedeutendsten: 1. Art. 7., bestimmt, dass wer eine Depesche befördern lässt, seine Persons-Identität ausweisen müsse. Wer dem Beamten nicht bekannt ist, muss einen Pass oder Briefe vorlegen, welche seine Identität sichern, oder seine Unterschrift auf der Depesche legalisiren lassen. 2. Art 8. al. 1, bestimmt, dass Privat-Depeschen deutlich mit Tinte geschrieben sein müssen. 3. Derselbe Artikel Al. 3. erlaubt dem Aufgeber seiner Depesche jene Legalisirung beisetzen zu lassen, die er für zweckmässig erachtet. 4. Art. 19. gestattet dem Aufgeber, von der Ankunfts-Station die Anzeige zu verlangen, dass seine Depesche richtig eingetroffen ist. 5. Nach Art. 20 kann der Aufgeber die Collationirung der Depesche durch die Ankunfts-Station fordern. 6. Artik. 21 erklärt die theilweise Collationirung als Pflicht des Telegrafen-Amtes und als gebührenfrei. Auch die Bestimmungen des Dienstreglements, über die Verpflichtung, die Original-Depeschen, und dort wo Morsé'sche Apparate in Gebrauch sind, die Streifen mit den übermittelten Zeichen, aufzubewahren (Art. 161), sind jedenfalls nützlich.

deren Kollationirung von Amtswegen erfolgen muss, ist, da sie nur Zahlen und Namen betrifft, viel zu beschränkt: meines Erachtens sollte sich dieselbe auch auf jene Worte erstrecken, welche leicht mit anderen verwechselt werden könnten. Es ist allerdings wahr, dass nach demselben Artikel, der Ankunfts-Station das Recht eingeräumt wird, die Collationirung, wenn sie es für nöthig hält, noch mehr auszudehnen. Doch dies genügt nicht: das Reglement sollte, denke ich, anstatt sich damit zufrieden zu stellen dem Telegrafisten das obbezeichnete Recht einzuräumen, ihn vielmehr verpflichten, in jenen Fällen, wo ein Zweifel über die Entzifferung der Zeichen entstehen sollte, eine Wiederholung des Telegrammes zu verlangen. —

§. 66. Und dennoch: alle diese Anordnungen sind noch nicht genügend um jede Unzukömmlichkeit zu vermeiden: man muss vor Allem die Bestimmung abschaffen, nach welcher die Telegrafen-Verwaltung von jedweder Verantwortlichkeit befreit erscheint. Nach dem, was wir in dem vorigen Abschnitte auseinander gesetzt haben, würde diese Bestimmung, selbst wenn sie für rechtlich bindend angesehen werden sollte, noch immer als jedem Grundsatze der Gerechtigkeit und der Billigkeit zuwider, als dem Handel schädlich und als die öffentliche Moralität beleidigend, anzusehen sein. Nur der Nachweis der unwiderstehlichen Gewalt kann die Telegrafen-Verwaltung von dem Ersatze des durch die vereitelte, verspätete oder unrichtige Telegrafirung entstandenen Schadens befreien.

Es kann kein anderer Grund für die Aufrechthaltung einer so ungerechten Bestimmung sprechen als das finanzielle Interesse. Es ist nun auch dafür ein Ersatzmittel gegeben, wenn man nur die für die Postanstalt geltenden Normen noch mehr auf den Telegrafen ausdehnen wollte.

Die Telegrafen-Verwaltung entschädige in dem Fall der vereitelten, verspäteten oder unrichtigen Telegrafirung, die betreffende Partei (den Fall der unwiderstehlichen Gewalt ausgenommen) mit fünfzig Francs. Diese Verpflichtung zur Entschädigung würde sowohl die Direction als die Beamten nur vorsichtiger machen. Weil aber dieser Ersatz in gewissen Fällen mit dem wirklichen Schaden nicht im Verhältniss stünde, so würde ich einführen, dass es dem Aufgeber erlaubt sein solle, bei der Aufgabe der Depesche, deren Werth anzugeben. In diesem Falle müsste er aber ausser der gewöhnlichen Gebühr, einen Zuschlag von 25 Centimes für jede 100 Francs des angegebenen Werthes entrichten; dieser Werth dürfte übrigens einen, im Tarife selbst bestimmten Betrag, nicht überschreiten.

Meines Erachtens würden diese Bestimmungen, indem sie der allgemein anerkannten Rechtsgrundsätze Rechnung trügen, nicht nur für den Handel, sondern selbst für die Staatsfinanzen von Nutzen sein.

§. 67. So lange aber die Reglements nicht geändert sind, wird derjenige der vom Telegrafen Gebrauch macht, folgende Vorsichtsmassregeln beachten müssen.

1. Handelt es sich um Aufträge, eine Zahlung zu leisten, oder sonst um eine wichtige Angelegenheit, so wird es zweckmässig sein, dem Telegramme die Legalisirung der Unterschrift hinzufügen zu lassen.

2. In Fällen wo ein Zweifel entstehen könnte, sollte der Adressat den Inhalt der Depesche zurück telegrafiren.

3. Wenn es sich um wichtige Depeschen handelt, wo Ziffern vorkommen, wird der Aufgeber diese unter Einschaltungszeichen in ihre Componenten nach seinem Belieben zertheilen. Z. B.: Will er den Adressaten versichern, dass jene Ziffern Zehn Tausend bedeuten sollen? Er schreibe 10.000 und setze unter Klammer (999 + 9001). Auf diese Art ist es fast unmöglich, dass ein Missverständniss entstehe, denn entweder drücken beide Zeichen dasselbe aus und dann ist die Angabe richtig, oder dies ist nicht der Fall und der Fehler liegt am Tage.

4. Es wird endlich zweckmässig sein, eine gedrängte, aber präcise und klare Ausdrucksweise zu gebrauchen, und insbesondere solche Worte zu vermeiden, welche wegen Aehnlichkeit der Schreibweise mit andern leicht verwechselt werden könnten.

Anhang.

I.

Der Pantelegraf des Abbé Caselli.

Als ich das Telegrafenrecht besprach, hatte ich immer jene Telegrafen-Apparate im Auge, welche gegenwärtig sowohl in Italien als in den andern Staaten in Gebrauch sind.

Mehrmals musste ich aber daran erinnern, dass wenn neue Entdeckungen die Uebermittlung der Original-Schriftzeichen ermöglichen sollten, viele der von mir angeführten Theorien, insbesondere jene über die rechtliche Natur des Telegrammes, über dessen Beweiskraft, über die Folgen der Aenderungen und Verstümmlungen der Depeschen, dadurch wesentliche Umgestaltungen und Beschränkungen erleiden würden.

Es ist deshalb von Nutzen hier einen Begriff von dem Pantelegrafen Caselli's, wie er in Nr. 32 der Esposizione italiana beschrieben ist, zu geben, und den Einfluss zu kennzeichnen, welchen seine Einführung auf die wichtigsten Rechtsfragen ausüben könnte.

Hier folgt die Beschreibung des Mechanismus des Pantelegrafen; und das seiner Einführung entgegenstehende bedeutendste Hinderniss liegt in der Schwierigkeit, zwei Pendel mit isochroner Schwingung, einen bei der Aufgabs- den anderen bei der Ankunfts-Station, aufzustellen.

Bei der Aufgabs-Station wird die zu übermittelnde Depesche mit gewöhnlicher Feder und Tinte, auf ein mit Silberblättchen überzogenes Papier geschrieben, welches sodann auf eine Platte von Kupfer befestigt wird, die sich gleichmässig in horizontaler Richtung fortbewegt. Ein Platinastift, welcher dem Drucke einer sehr schwachen Feder folgt, berührt die beschriebene Oberfläche des Papiers, und fährt darüber in schleunigster Bewegung, hin und zurück. Durch diese Vorrichtung werden, in Folge der horizontalen Bewegung der Platte, und der eigenen Bewegung des Platinastiftes, nach und nach alle Stellen der beschriebenen Seite mit dem Stifte in Berührung gebracht, welcher als Leiter der Elektricität mit dem Telegrafendrahte in Verbindung steht.

Da die metallische Oberfläche, auf welcher die Depesche geschrieben ist, ebenfalls ein Elektricitätsleiter ist, während es die mit Tinte geschriebenen Schriftzüge nicht sind, so folgt daraus, dass der elektrische Strom in dem Telegrafendrahte hergestellt oder unterbrochen ist, je nachdem der Stift, entweder mit der metallischen Oberfläche des zum Schreiben der Depesche verwendeten Blattes, oder mit den auf demselben befindlichen Schriftzeichen in Berührung kommt.

Bei der Ankunftsstation ist eine Metallplatte angebracht, welche sich ebenfalls in horizontaler Richtung bewegt, auf welcher ein mit blausaurem Kali präparirtes Blatt Papier liegt.

Ein Stift von Eisen, welcher mit der Telegrafen-Leitung in Verbindung steht, fährt in sehr schneller Bewegung über die Oberfläche des Papiers hin und her, und jedesmal als der Stift der Aufgabsstation, die metallische Oberfläche des Substrates der Depesche berührt, wird der Strom unterbrochen und der Eisenstift der Ankunftsstation zeichnet einen Punct auf das präparirte Papier. **Die successive Vereinigung dieser Puncte stellt schliesslich genau die vom Aufgeber geschriebene Depesche dar.**

Wie Jedermann sieht, handelt es sich hier nicht mehr darum einige dem Telegrafisten mitgetheilte Worte mittelst Telegrafen befördern zu lassen, sondern um die Mittheilung der eigenen **Handschrift.**

Die wichtigsten aus dieser Italien ehrenden Entdeckung, entspringenden rechtlichen Folgen wären nachstehende vier: 1. der Pantelegraf kann, unter Beobachtung gewisser Vorsichten, die Schrift ersetzen, indem dadurch die von Abwesenden errichteten Urkunden das Merkmal der Authenticität erlangen können ; 2. das Telegramm ist ein von dem Aufgeber der Depesche geschriebener Brief und macht folglich: 3. einen vollen Beweis wider denselben ; 4. in dem Falle eines Irrthums oder einer Umänderung der Depesche, hat der Aufgeber den daraus entstehenden Schaden zu tragen.

II.
Der Telegraf in seiner Beziehung zum Strafrechte.

§. 1. Die meiner Schrift, welche, wie aus der Vorrede und dem Titel derselben hervorgeht, nur das Privatrecht betrifft, gesetzten Grenzen, erlauben mir nicht, dass ich mich eingehend mit der Prüfung derjenigen Verhältnisse beschäftige, in welchen der Telegraf zum Strafrechte steht. Ich hoffe hierüber bei anderer Gelegenheit mit einer gewissen Ausdehnung sprechen zu können. Jetzt halte ich es für gut nur von denjenigen strafbaren Handlungen, welche durch den Telegrafen begangen werden können, kurz zu erwähnen, wobei ich einen Brief benütze, den der berühmte Carara an meinen Freund Bosellini vor nicht langer Zeit richtete.

§. 2. Welche Delicte können also durch den Telegrafen begangen werden? Wie Carara richtig bemerkt, muss man zwischen solchen Handlungen, welche die Begehung eines Delictes **erleichtern,** und solchen, welche die wahre Vollbringung des Delictes bilden, unterscheiden.

Bei allen strafbaren Handlungen und bei Acten, welche sie vorbereiten oder vollbringen, kann der Telegraf in Anwendung kommen : Aber — wiederhole ich mit Carara, — wegen dem allein kann man dieselben noch nicht als **durch den Telegrafen begangene** Delicte bezeichnen.

Damit man dies sagen könne, ist es nöthig, dass in der Depesche selbst, das die strafbare Handlung vollbringende Element enthalten sei.

Man muss also unterscheiden:

Entweder sucht man in dem Telegramme ein Accessorium einer anderen strafbaren Handlung:

Oder ein Beweismittel;

Oder das corpus criminis.

I. Spricht man von einem Accessorium eines Delictes? Es besteht wohl kein Zweifel, dass man durch den Telegrafen bei der Begehung einer strafbaren Handlung mitwirken könne, wenn man z. B. Aufträge, Rathschläge, Belehrungen u. s. w. ertheilt. Dennoch haben wir hier nicht ein durch den Telegrafen begangenes Verbrechen; ich sehe aber keinen Grund um zu bezweifeln, dass man nicht auch durch eine telegrafische Depesche dem Morde, dem Diebstahle, und jedem anderen, durch physische Mittel begangenen Verbrechen als Mitschuldiger beitreten könne, warum nicht?: es ist ein Mittel gerade so wie jedes andere —; war es wirksam? wurde es in der Absicht angewendet um die Begehung des Delictes zu erleichtern? wir haben hier jedenfalls die Mitschuld, weil das objective Element (die wirksame Handlung) und das subjective Element (freiwillige Bestimmung der Handlung als Delict) vorhanden sind.

II. Spricht man vom Beweise? Auch hier finden wir keineswegs in der Telegrafirung selbst die strafbare Handlung, sondern nur den Beweis über eine auf ein gewöhnliches Delict Bezug habende Thatsache. Z. B. es handelt sich um das Verbrechen der Bigamie: Die Frau erklärt, dass sie die zweite Heirath, ohne zu wissen, dass der ihr angetraute Mann bereits verheirathet war, einging; aber ein Freund hatte ihr Tags zuvor telegrafirt, dass sie denselben nicht heirathen solle, da er bereits verehelicht sei. Hier haben wir den Beweis oder wenistens ein Indicium des Dolus, aus dem Factum der erfolgten Telegrafirung hervorgehend: ist es wohl zweifelhaft, ob man davon Gebrauch machen könne?

Ein anderes Beispiel. — Ich habe am 4. einen Wechsel an Titius girirt. Am 5. telegrafire ich ihm „Begeben Sie den Wechsel nicht: er ist gefälscht;" Titius begibt ihn aber um 6. Hier kann der Telegraf den Beweis über die Kenntniss von der Unechtheit der Urkunde auf Seiten desjenigen, der davon Gebrauch machte, herstellen. Man wird, selbstverständlich, nachweisen müssen, dass das Telegramm zugestellt, dass es gelesen wurde u. s. w.; aber in jedem Falle wird man dasselbe unter die Beweisbehelfe einreihen müssen.

III. Spricht man vom corpus criminis? der gewöhnlichste Fall eines wirklich durch den Telegrafen begangenen Delictes ist derjenige der Ehrenbeleidigung. Carrara erzählt uns folgenden Fall. Fürst D . . . pflegte vor einigen Jahren vertrauten Umgang mit einer von ihren Gatten geschiedenen toscanischen Dame. Als er eines Tages über ihrem Lebenswandel informirt wurde, telegrafirte er ihr folgende Worte. „Ich erkläre Euch, dass Ihr eine H . . . . seid."

Hier haben wir wirklich ein durch den Telegrafen begangenes Delict; denn, so wie die Ehrenbeleidigung durch einen an den Beleidigten oder an einem dritten gerichteten Brief, begangen werden kann, so ist dies ebenfalls durch den Telegrafen möglich. Hier ist das Factum der Telegrafirung nicht das Accessorium eines anderen Delictes, sondern es vereinigt sich das Delict mit der Telegrafirung, und durch diese wird jenes vollbracht: das corpus criminis ist gerade das Telegramm, vorausgesetzt, es sei erwiesen, dass es von dem Beschuldigten herrühre. (Ueber die Art und Weise den Beweis zu liefern, dass das Telegramm der genaue Ausdruck des Willens des Aufgebers ist, siehe das was wir im Kapitel VI darüber erörtert haben.)

Alles dies ist unzweifelhaft. — Wohl ist es aber fraglich, ob in dem bezeichneten Falle die Beleidigung eine öffentliche sei oder nicht, ob eine Diffamatio oder eine einfache Ehrenverletzung vorliege. Es könnte Jemand behaupten, dass es nicht in der Absicht liege, die Beleidigung zu einer öffentlichen zu machen, weil die Telegrafenbeamten die Pflicht haben, das Geheimniss zu bewahren. Sind aber nicht diese Personen selbst von der Beleidigung in Kenntniss gesetzt? Noch dazu wird die Depesche in ein besonderes Buch eingetragen und aufgehoben: da haben wir also eine in einem öffentlichen Register verzeichnete Ehrenbeleidigung; und da der Beleidiger dies Alles wusste, so haben wir hier den dolus in re ipsa.

Eine andere wichtige Frage wäre jene der Competenz. — Setzen wir den Fall, Fürst D . . . hat die Depesche von Paris nach Florenz befördern lassen. Wo wurde die Ehrenbeleidigung begangen? In Frankreich oder in Italien, oder in beiden Ländern? die Frage ist schwierig: „es scheint, dass in solchen Fällen die Grundsätze der Präventions-Theorien zur Geltung kommen müssen" (Ambrosoli).

§. 3. Ist die Ehrenbeleidigung das einzige Delict, welches durch den Telegrafen begangen werden kann? Wie gesagt, wir sprechen hier nicht von Handlungen der blossen Beihülfe, Begünstigungen u. s. f. (weil in diesen Fällen nur ein, die Begehung eines gewöhnlichen Delictes erleichterndes Factum vorliegt); sehen wir aber ob, ausser der Ehrenbeleidigung, noch ein anderes Delict durch die Telegrafirung begangen werden könne.

Ein wichtiger Fall wäre jener des Betruges. Z. B. Cajus erhält folgende Depesche zugestellt: „Gebet für mich dem Sempronius 1000 Lire. Lucius Titius." Gleichzeitig stellt sich Sempronius dem Cajus vor, und erhält von ihm die 1000 Lire. — Es wird nun bewiesen, dass die Depesche nicht von Lucius Titius, sondern von Sempronius selbst herrührte: es frägt sich, ob hier ein durch den Telegrafen begangenes Delict vorliege? Man muss unterscheiden. Entweder hat Sempronius die Unterschrift des Lucius Titius nachgemacht und die geschriebene Depesche zum Telegrafenamte gebracht; oder es hat der Telegrafist selbst die Depesche, ohne Original, zusammengestellt.

Im ersten Falle liegt das Delict nicht in der Telegrafirung, sondern in der Fälschung der Unterschrift; der Betrug war in dem Augenblicke begangen, als der Schurke das mit der Unterschrift des Lucius

Titius versehene Concept zum Telegrafenamte brachte; die Telegrafirung ist nur die Ausführung der listigen Handlung, welche zwischen zwei für sich bestehende Delicte: der Fälschung, und dem Erscheinen zur Einkassirung der 1000 Lire, dasteht *).

Im zweiten Falle wird hingegen das Delict wirklich durch die Telegrafirung begangen.

Ein anderes Verbrechen, welches durch den Telegrafen ausgeführt werden kann, ist die Drohung; denn wenn wir das subjective Moment, die Wirkung und das verletzte Recht bei Seite lassen, und nur auf die Art und Weise der Begehung (welche uns hier gerade interessirt) sehen, so finden wir zwischen der Ehrenbeleidigung und der Drohung keinen Unterschied: bei der einen wie bei der andern liegt in dem Acte der Telegrafirung die Vollbringung des Delictes: es wird also durch den Telegrafen begangen.

Wenn man die Verleitung zur Begehung eines Vergehens als selbstständige strafbare Handlung, und nicht als Theilnahme an dem später begangenen Delicte ansehen will, so muss man wohl annehmen, dass auch diese durch den Telegrafen erfolgen kann.

Von schwieriger, aber nicht unmöglicher Ausführung durch den Telegrafen, ist das Verbrechen der Verschwörung, (zu Hochverrath, Aufruhr u. s. f.).

Nach Durchsicht der hervorragendsten Fälle, werden wir also kurz sagen können, dass es rechtlich möglich ist, durch den Telegrafen alle jene Delicte zu begehen, welche durch das geschriebene oder ausgesprochene Wort vollbracht werden können.

---

¹) Copirt der Telegrafist genau eine gefälschte Depesche, so wurde das Delicte durch die Schrift begangen; das Telegramm ist weiter Nichts als die Benützung der gefälschten Urkunde. (Carrara.)